高职高专"十二五"规划精品教材

主编 许仁忠 贾朝莉 何 凡
王小琴 周丽梅 李华仙
李 娟

秘书实务

Mishu Shiwu

西南财经大学出版社

图书在版编目(CIP)数据

秘书实务/许仁忠等主编．—成都：西南财经大学出版社，2013.2
(2015.8 重印)
ISBN 978-7-5504-0929-3

Ⅰ.①秘… Ⅱ.①许… Ⅲ.①秘书学 Ⅳ.①C931.46

中国版本图书馆 CIP 数据核字(2012)第 308117 号

秘书实务

主编：许仁忠 贾朝莉 何 凡
王小琴 周丽梅 李华仙
李 娟

责任编辑：张 岚
助理编辑：高 玲
封面设计：杨红鹰
责任印制：封俊川

出版发行	西南财经大学出版社(四川省成都市光华村街55号)
网 址	http://www.bookcj.com
电子邮件	bookcj@foxmail.com
邮政编码	610074
电 话	028-87353785 87352368
照 排	四川胜翔数码印务设计有限公司
印 刷	四川森林印务有限责任公司
成品尺寸	185mm×260mm
印 张	9
字 数	195 千字
版 次	2013 年 2 月第 1 版
印 次	2015 年 8 月第 3 次印刷
印 数	5001—6000 册
书 号	ISBN 978-7-5504-0929-3
定 价	22.00 元

前言

《秘书实务》是高职高专在校学生学习和掌握秘书知识与技能的教材，也是在岗文秘工作人员进修提高的极好用书。

《秘书实务》共八章，从实际出发较详细地介绍了秘书实务概述、秘书的日常事务工作、秘书的接待工作、文书处理与档案管理工作、秘书会议服务工作、秘书的沟通与协调工作、商务活动与商务旅行、参谋与信息工作等内容。秘书实务是高职高专文秘专业的主干核心课程，也是高职高专各专业培养学生职业技能的通识课程。基于此，我们编写时既注重了内容选取上的广泛性和深入性，又兼顾了内容讲授上的普遍性和针对性，期望该教材能成为高职高专文秘专业学生及非文秘专业学生都可以选用的教材。

秘书实务课程应用性强，要求从秘书工作实际出发，介绍秘书实务的各项工作内容、基本要求、操作规范、实施程序以及注意事项等，使学生了解秘书实务的工作方法和技巧，具备从事现代通用秘书工作的素质和能力，达到各企事业单位、社会团体的办公室人员相应岗位的要求，具备过硬的职业能力和较高的操作水平。本书编写的指导思想是面向各企事业单位、社会团体的实际需要，结合学生的基本现状，力争通俗易懂，使学生学以致用。本着“课堂就是岗位”的实践理念，着重实践，强调实训，强调培养学生的动手操作能力，在内容组织和安排上，岗位实训的材料较为丰富。为此，在编写时注重精心挑选案例和素材，所挑选的案例与素材均从多年教学与实训工作中获得。编写时从秘书实务的角度阐述秘书工作，内容全面，案例翔实，剖析到位，既强调秘书理论基础知识的讲授，更注重秘书实际操作能力的训练。编者期望能通过这种密切联系实际的学习，让学生能真正学会和掌握秘书实务的知识与技能，为走上工作岗位即能胜任秘书工作作好应有的准备。

本书编者从事秘书实务教学数年，具有较为丰富的教学实践经验。编写中参考了一些专家学者的成果和资料，在此一并致以诚挚感谢。由于学识有限，恳请广大读者和师生对书中误漏之处予以赐教指正。本书在编写中得到西南财经大学出版社的大力支持，在此表示衷心感谢！

编　者

二零一三年一月

目录

第一章　秘书实务概述

本章学习要求：

秘书，是协助上司处理各种工作事务的工作人员，主要负责办公室日常事务、接待工作、文书处理与档案管理工作、会议服务工作、沟通与协调工作、商务活动与商务旅行工作、参谋与信息工作等，他们具备处理以上各项工作的综合能力，向其上司和受雇企业负责。秘书实务，即职业秘书的工作事务，包括工作安排与具体内容。要求通过本章的学习，掌握秘书日常工作的安排与内容；了解秘书实务的范畴与内容，了解秘书工作的性质与特点，熟悉秘书应具备的能力，了解秘书的职业道德。

第一节　秘书一天的工作

案例

这是四川天一有限公司总经理办公室秘书一天的工作。小赵毕业于四川天一学院商务系文秘专业，在这家公司的总经理办公室已经工作了2年。负责人力资源管理工作的公司副总经理是小赵的直接上司。

8：30 到达自已的办公室

8：35 打扫上司的办公室、接待室等房间，查点备用物品

8：50 空调、换气、照明设施的启动与调节

9：00 上司到办公室

9：15 为上司冲咖啡，确认当天的日程安排，通知总经理办公室主任在接待室接待预约好的客人及做好接待记录

9：30 根据上司的具体指示，回复相关传真、电话及电子邮件

9：45 对收到的邮件进行分拣，将紧急的信件和包裹分发给收件人

10：00 接听电话，将前一天来访客人的数据输入电脑中的顾客名录，整理报纸杂志、简报、扫描文件等

10：30 接待客人、给客人沏茶等

11：40 上司外出，将上司交代的文件录入并打印完成

12：00 午休

13：00 回到办公桌前，上网查资料、接听电话等

13：10 上司回到公司，给上司冲咖啡，报告电话留言，领回上司上次出差时的发

票及单据，核算出差费用

14：00 根据总经理办公室主任的指示，复印并打印文件

14：30 招待客人，沏茶

15：25 回到办公桌前继续起草报告（计划明天写完）

15：30 为公司会议准备茶叶及咖啡

16：00 将帮助总经理办公室主任写好的信装入信封，并填写收信人、收信地址等信息，通知快递公司取件；公司会议结束后清理会场，打印出第二天上司的工作日程表，呈交上司审阅

16：45 上司出门办事，整理未完成的文件

17：30 做明天的工作计划

18：00 下班

提问：

（1）在本案例中，秘书小赵的工作内容有哪些？

（2）这些工作内容大致可分为哪些类型？

（3）除以上工作内容外，你认为秘书一天的工作中还会遇到哪些情况？

案例分析

从本案例中秘书小赵一天的工作来看，其工作内容大致包含了：办公室整理与打扫，开启环境设备，照顾上司，协助同事工作，按照上司指示回复传真、邮件、电话，分发信件，接听电话，信息录入，资料整理，文书工作，客人接待，会议准备等。

秘书小赵一天的工作内容，实际上与大多数职业秘书类似。这些工作内容大致可概括为办公室日常事务工作与会议准备工作。前者如办公室整理与打扫、照顾上司及文书工作等，后者如准备会议前的饮品等。

除以上工作内容外，秘书在一天的工作中常常还会遇到一些其他的情况，比如：上司临时出差要紧急预订机票和酒店，通知与会人员与安排座次，协调上司的时间安排等。秘书一天的工作看似简单，但实际工作内容往往瞬息万变、错综纷繁，这就要求我们在学习秘书实务之初就应该牢固树立认真、好学的态度，以便为将来的工作和更高层次的学习打下坚实的基础。

一、秘书的起源与含义

“秘书”一词，源于拉丁文“secretarius”，意即“可靠的职员”。英语单词秘书（secretary）与秘密（secret）联系紧密。“秘书”这一概念是工业社会的产物，诞生于资产阶级工业革命。

相较之下，我国的“秘书”有着更为悠久的历史。“秘书”一词的词义演变与古今意义都非常大。“秘书”一词最早出现于汉代，当时秘藏于皇宫内的各类书籍都被称为“秘书”，即具有神秘色彩或秘密性质的图书。至东汉时期，朝廷设立“秘书监”，专门从事管理国家秘密图书典籍。至魏晋南北朝时期，设立了“秘书丞”、“秘书郎”等文官官职，其主要职责是掌管国家奠基。后来，“秘书”一词的含义演变成为领导人身边协助处理各种日常事务和文字工作的助手。

关于“秘书”一词的当代定义，因各类学说在语言陈述和内容侧重上有所不同，所以目前学术界还未形成统一认识。但人们普遍认同秘书是一种社会职业，上司是秘书职业存在的前提。人们对于秘书职业的工作内容、职责以及岗位归属等内容的认识与探讨，也正在趋于统一。

国际秘书联合会对秘书的职业曾经作过如下定义：秘书应是上司的一位特殊助手，他们掌握有关办公室事务的处理技巧，能在没有上司过问的情况下表现出自己的责任感，以实际行动显示出主动性和判断能力，并且能在上司所给予的权力范围内作出决定。

欧洲职业秘书联合会对秘书的定义是：对其上司的活动和工作范围有足够的了解，能够替上司分担很多工作。他们能在一定范围内作出决定和发出指示，并在做生意的场合代表他们的上司。

英国秘书专家伊丽莎白·库克指出：随着时代的变迁，今天的秘书正在越来越多地承担起以前由经理们完成的工作……秘书想要承担更多的职责，而经理们也要求有更多的时间来做他们自己的工作……因为这个原因，把秘书当做管理者的有机组成部分就越来越重要了。

英国学者约翰·哈里森认为：秘书与他们的顶头上司有一种特殊的关系。因为他们以“伙伴关系”紧密地和上司一起工作，以达到上司的职务所要达到的目标……

王千弓在《秘书学与秘书工作》中这样描述秘书：秘书是社会主义国家工作人员职务名称之一。其职责是协助领导综合情况，研究政策，密切各方面工作的联系，办理文书、档案、人民来信来访、会务工作以及其他日常行政事务和交办事项。在党政机关、企事业单位从事这一类工作的干部，统称为秘书工作人员，或简称为秘书。

张金安、常崇宜在《秘书学概论》中这样定义秘书：秘书是一种职务，也应当是一种职称，是领导的耳目、助手和参谋。

劳动部《秘书职业技能标准》中关于秘书的定义为：专门从事办公室程序性工作，协助上司处理政务及日常事务并为上司决策及其实施服务的人员。

通过对比以上各种定义与描述我们不难发现，各方着重强调了以下几点，即：秘书的角色定位，秘书的工作内容，秘书的职责和能力。在此基础上，我们将“秘书”一词的含义总结为：秘书，是协助上司处理各种工作事务的工作人员，主要负责办公室日常事务、接待工作、文书处理与档案管理工作、会议服务工作、沟通与协调工作、商务活动与商务旅行工作、参谋与信息工作等，他们具备处理以上各项工作的综合能力，对其上司和受雇企业负责。

二、秘书的分类

从一般意义上来说，秘书按其责任的大小和能力、素质的高低可分为助理级、文书级、执行级和行政级等类别，按照单位性质不同又有机关秘书、商务秘书、私人秘书、涉外秘书的区别。

现代意义上的秘书自 1714 年亨利·米尔发明打字机以来，它的分工已经随着时代的发展而渐趋模糊，而秘书的工作范围却在逐渐扩大。所以，我们很难再对秘书的分类作一个人为的切割。

日本著名学者田中笃子在《秘书的理论与实践》中将秘书的日常工作分为“四层次”，我们以期从中对秘书类别划分的大致轮廓有一个初步认识。

D 层次：办公用品管理、安检、卫生管理等行政后勤工作。

C 层次：为上司接打电话、接待客人、收发邮件等工作。

B 层次：上司办公室的管理、文件起草、信息收集、上司日程管理、上司出差准备等工作。

A 层次：参与企业经营决策、协调与各方面的关系、负责秘书部门的管理工作。

三、秘书一天的工作

一位优秀的秘书，必须对自己一天的工作有充分的认识与准备。在熟悉秘书日常工作的基础上，进一步了解非常规性工作、隐性工作的内涵，以及掌握科学的时间安排与管理。

（一）日常工作

秘书的日常工作是指秘书每天都要做的工作，一般都有固定的处理模式，不需要上司特意指示，秘书可以自行决定或处理。其内容主要包括：

（1）办公室环境的维护和管理：上司办公室和会客室的整理打扫，空调、换气、照明设备的调节等。

（2）办公室用品的管理和发放：常用办公用品及耗材的识别、采购、管理及发放。

（3）接待工作：为来客登记、带路和传话，给客人端茶送水和送客人出门。

（4）接打电话：接听电话并转达内容，按照上司指示和要求回电等。

（5）文书工作：起草公司内外的文件、信函，各种文件、信函、资料的收集、整理、归档与存档等。

（6）日程管理：日常日程表的管理，会面的预约和登记等。

（7）信息管理：收集公司内外的各种信息，并对信息进行整理、汇编及上报。

（8）上司的差旅安排工作：出差准备，出差期间的日常管理，与相关单位联系和协调，安排交通工具、住宿地点，出差后的费用报销、出差总结等。

（9）会议工作：会前准备工作，会中服务工作，会后清理工作。

（10）协助并照顾上司：给上司冲泡饮品，安排午餐，健康管理，时间协调，交通工具的预定与安排等。

（11）档案管理工作：档案的归类，档案的存放等。

（12）辅导新进秘书：公司文化传输，工作环境介绍，相关工作的执行等。

（13）工作计划：短中长期计划制订，次日工作计划安排等。

（二）非常规性工作

除日常工作之外，现实工作中秘书经常会遇到一些非常规性的情况。非常规性工作一般指在工作日程安排之外突然出现需要紧急处理的事情，或因偶然因素变动需要灵活处理的事情，它们都可以称为是突发事件。这些突发事件常发生的有：上司急病、上司或公司出了事故、重要客户急病或突然死亡、交通工具变更、通信手段失效、自然灾害来袭等。秘书在遇到这些突发事件时首先需要冷静，在不违反相关规定的基础上，根据自己的权力范围理智地作出判断和应急处理。

（三）显性工作与隐性工作

日常工作与非常规性工作存在于秘书八小时工作时间范围内，它们是秘书的显性工作，显性工作是秘书的本职工作，也是直接衡量和检验一个秘书能力的重要部分。秘书在显性工作之外，常常面临着诸多隐性工作，比如业务充电、能力培训、知识阅读、职业交流等，这部分工作存在于秘书八小时工作时间范围之外，是决定一个秘书是否有上升空间、可持续发展及跨越式发展的根本动力源。一个有科学专业规划和长远发展目标的秘书，除将自身的显性工作较好完成外，更要注重八小时之外的隐性工作。

（四）科学的时间管理

秘书科学的时间管理，包括两个对象：一是自身，二是上司，两者常常是相互融合、相互协调、相互促进的。秘书不仅要对自己一天的工作进行科学的时间管理，还要充分协助上司完成时间管理。秘书要充分了解日常工作的时间节点划分，比如办公室环境维护与管理的时间，上司的一般上班时间，会议的常规时间安排，秘书及上司的午餐时间安排，上司的日程安排跟进，工作汇报、回复信函邮件的时间节点等。科学的时间管理，首先要求秘书对日常工作有全局性的把握，其次要求秘书对弹性时间有一定的预判与掌控，再次是要求秘书对上司的个人习惯、工作日程安排等有细致的观察和充分的了解，最后是要求秘书在长期的工作中形成一套灵活、高效的时间管理系统。

第二节　秘书实务的内容

秘书实务是秘书学科的一个分支，它是研究秘书工作和秘书业务活动及其规律的应用学科。从秘书工作的职能角度看，秘书实务是指秘书工作中的具体事务，是秘书工作中需要充分认识与熟练掌握的基本工作内容与技能。它包括秘书的日常事务工作、接待工作、文书处理与档案管理工作、会议服务工作、沟通与协调工作、商务活动与商务旅行、参谋与信息工作等。秘书实务，本质上囊括了秘书的能力要求，结构上指明了秘书职业的职责范围，功能上搭建了秘书工作的立体架构。

一、秘书的日常事务工作

秘书的日常工作是指秘书每天都要做的工作，一般都有固定的处理模式，不需要上司特意指示，秘书可以自行决定或处理，比如办公室环境的整理与维护、照顾上司、电话工作、会议服务工作、资料整理工作等。

二、秘书的接待工作

秘书是公司对内、对外联系的桥梁，是上下信息沟通的枢纽。秘书通常是代表上司与公司执行接待工作，接待工作的对象通常是指前来咨询、投资、洽谈、联络业务、礼仪拜访、参观、访问、考察工作等的集体或个人。该部分包括接待的准备工作、礼仪、基本程序、接待计划拟写等。

三、文书处理与档案管理工作

文书处理与档案管理工作是秘书的常态化工作之一，也是处理频率较高的一项工作内容。文书是联结各项工作的纽带，是管理活动的依据和凭证，所以文书工作是秘书能力体现的重要载体。该部分包括文书的撰写与处理、办文工作、档案管理等。

四、秘书会议服务工作

会议是人类群体有组织地会晤、议事的行为或过程。它需要三人以上共同参与，以一定的方式聚合在一起，目的是为了议事，解决各种问题。会议具有组织性、目标性、规则性、秩序性和领导性。会议是公司领导人一项非常重要的工作，企业领导人常常以召开会议的形式来解决生存和发展问题，因此会议的服务工作就显得格外重要。该部分将重点讲述秘书的会前、会中及会后工作。

五、秘书的沟通与协调工作

秘书的沟通与协调工作具有重要的意义：秘书有效的沟通往往能使上司的指令传达畅通，能使员工的建议上传便捷，能使客户的合作顺利高效；秘书的协调能力，主要针对的是解决冲突和矛盾，秘书高效的协调能力往往能将矛盾遏止在萌芽状态，能将冲突淡化，使正向的力量聚合在一起。该部分包括对沟通与协调工作的概述，协调的方法、技巧，协调处理冲突等。

六、商务活动与商务旅行

商务活动是企业整合市场资源、开展市场营销活动和提升企业文化建设的重要手段，包括市场营销活动、会谈活动、公关活动、宴请活动、企业展览、签约仪式、庆典活动等。在商务活动中，到外地或外国出差是日常工作中的一个组成部分。本章将重点介绍上司商务旅行的安排。秘书在进行商务旅行安排时，应该全面考虑、细致缜密，使各个环节高效流畅地按照相应计划进行。

七、参谋与信息工作

在现代秘书工作中，参谋职能已经成为对秘书的基本能力要求之一。参谋工作的重点就是辅助上司作出决策、协助上司决断工作，它是秘书自身素质的综合体现，是领导及上司活动效率和效益的可靠保证。现代商务活动要求秘书应具备较强的参谋意识与参谋能力；信息工作是秘书工作的重要组成部分，同时也是秘书发挥参谋作用的重要方式和前提。秘书只有增强信息意识与信息获取能力，加强信息工作，积极开发利用信息，才能保证工作的科学性与有效性，才能更好地完成参谋工作。

第三节　秘书工作的性质与特点

一、秘书工作的性质

秘书工作的根本性质就是辅助性，辅助性是秘书及秘书部门的天生属性。

辅助性也是上司工作对秘书工作的必然要求，秘书的全部活动都必须在上司的授权和监督之下完成，在处理任何问题时都应根据上司的意图、指示来办理，不能代替上司作决定。在上司决策之前，秘书应充分履行参谋的职责，通过积极的信息工作为上司的决策提供较为全面的参考，用意见与建议等形式间接提醒领导慎重决策；而对上司一旦拍板决定的事项，通常来说，秘书应毫无保留、不折不扣地贯彻执行。

秘书工作的辅助性主要体现在两个方面：其一是服务性，它是指秘书的一切工作都是围绕上司的工作而展开的，没有上司的存在，秘书工作就无从谈起。秘书要为上司的决策和管理提供服务，比如秘书的参谋职能、信息工作、会议及差旅安排等。其二是从属性，它是指秘书在处理任何问题时，必须根据上司的意图和精神处理，不能超越自己的职权范围，更不能自作主张、自行其是。

二、秘书工作的特点

辅助性是秘书工作的基本属性，也是根本性质，对秘书工作特点的认识必须建立在这个根本性质之上。

秘书工作的特点包含以下几点：

（1）中介性。秘书工作是非独立性的辅助工作，秘书在工作中承担着“桥梁”、“纽带”与“媒介”的作用，在各职能部门间起着承上启下、联系左右、沟通内外的作用。

（2）综合性。秘书的工作涉及商业事务的方方面面，内容具体而繁杂，具有鲜明的综合性。大至为公司战略出谋划策，小至办公用品的采购与管理；会与客户高层领导交换意见，也会与餐厅公司服务人员讨价还价。

（3）灵活性。伴随秘书工作的综合性而来的是其灵活性特点。秘书工作涉及的内容不仅具体而繁杂，而且时常充满变数，大多数时候秘书不可能完全按照工作计划一步步进行，而是会根据上司的指示和安排而变动。秘书工作的灵活性要求秘书能在动态的变化中找到相对平衡的工作处理流程与方式。

（4）机要性。秘书工作的机要性包括机密性和重要性两个部分。秘书一般身处决策者、管理者身边，是一个单位或企业的中枢部分，其辅助性决定了秘书的工作范围与上司的工作范围有大部分的交叉。而秘书因工作需要掌握了重大决策和重要事项后要对领导、上司及客户负责，对这部分内容做好保密工作。

第四节　秘书应具备的能力与职业道德

一、秘书应具备的能力

秘书是协助上司处理各种工作事务的工作人员，在企业运营中承担着“纽带”、“桥梁”与“媒介”的角色。秘书面对着繁杂变化的工作事务和环境，需要极强的适应能力与协调能力。秘书一方面要圆满完成上司交代的各项工作任务，一方面要不断完善相关的业务知识与技能，所以，一个优秀的秘书除了要具备一定的工作能力外，还应该具备一定的整合能力、表达能力与学习能力。而现代社会，特别是企业与公司的不断发展，对现代秘书的能力提出了更高、更新的要求。

（一）网络与常用办公软件的使用与操作能力

随着世界经济的不断发展和环保低碳生活的倡导，无纸化办公已经无可争辩地成了现代办公模式的典范。秘书日常工作中的收发邮件、搜集信息、发布消息等工作通常会使用到网络，电子邮箱的管理与使用，搜索引擎、常用信息网址、各大门户网站的储备与使用，即时通信工具的管理与使用，远程会议的操作，电子商务等都是秘书应该掌握的基本技能。此外，秘书还需要熟练掌握 Microsoft Office、WPS 等常用办公软件的使用，了解 Photoshop、CorelDraw 等图像处理软件的基本操作。

（二）OA 系统的使用与操作能力

由于互联网的普及和发展，办公自动化（Office Automation，OA）的程度也越来越高。办公自动化将现代化办公和计算机网络功能结合在一起，办公自动化设备极大地提高了工作效率，是秘书工作不可或缺的工具，故需要秘书能够熟练掌握其操作步骤与使用功能。

（三）判断能力与执行能力

秘书需要时常保持“问题意识”，需要有较强的判断能力，在面对工作中出现的突发情况或意外时，能够从容应对、果断处理。判断能力的基本前提则是分析问题的能力。秘书是否能够透过现象看到本质，是否能够从特殊情况中辨别出普遍因素，是否能够在遇到情况变化时迅速作出轻重缓急的判别，都是其判断能力的具体体现。同时，秘书要具备解决问题的常识和经验，在迅速判断、找到解决之道后应立即采取行动、付诸实施。

（四）适应能力与协调能力

秘书的工作时间、工作内容和工作环境会经常发生变化，有时需要连夜加班赶工，有时需要出国、出差，有时会面对无数的陌生人，这都需要秘书具备一定的快速适应能力。另外，秘书还需要具备较强的协调能力，它会在解决矛盾纠纷、聚合力量、活动组织等工作中发挥积极作用，能将分散的力量和资源汇聚起来，平衡利益各方的情绪、心态，使工作流程得到顺利实施。

（五）理解能力与洞察能力

秘书应该对上司及工作环境有一个全面而深刻的了解，这样才能时常站在上司的角度看问题，利用“换位思考”将工作做得更好。同时，一个拥有较强理解能力及洞察能力的秘书更能够找准工作的“提前量”，对下一步的工作任务有一个预估，提前作好相关准备为未来的工作奠定好坚实的基础。

（六）信息收集能力与资源整合能力

秘书的一项重要工作就是辅助上司作出决策、协助上司决断工作，这就需要秘书有极强的信息收集能力。科学、全面、富有逻辑的信息能够为上司的正确决策起到辅助性作用。而强大的资源整合能力将成为秘书价值的重要体现，长期储备资源、快速搜寻资源、高效整合资源、充分利用资源已成为当代优秀秘书的一个重要衡量标准。

（七）阅读与写作能力

文书工作是秘书工作的重要范畴，秘书的阅读与写作能力往往与其自身的价值捆绑在一起。秘书的工作往往灵活多变，快速、准确的阅读习惯将节省大量的时间。当秘书对各种信息初步阅读汇总后，常常需要对其进行分析和深加工，并撰写成简报、文书、专题报告等交由领导及上司审阅。这就需要秘书具备较好的写作能力，特别需要掌握常用的公文、应用文、商务文书、简报、演讲稿等的写作范式与技巧。

（八）交流与沟通能力

在现代社会中，不论是行政系统、事业单位，还是国有企业、私企或外企，不论办公自动化设施有多么完备，人与人的交流与沟通是永远不可或缺的。处于一定工作范围和工作职责内的秘书，其协助领导、上司与各方面进行交流沟通的作用就显得更为重要。从一定意义上来看，秘书具备良好的交流与沟通能力，往往能快速、高效地完成工作。一个具备良好交流与沟通能力的秘书，更会是其领导、上司的得力助手。

（九）自我舒压与学习能力

秘书行业是一个具有较大压力的行业，秘书所面临的工作往往纷繁无序，而且随时会遭遇到意外与突发情况；秘书不但要对领导、上司负责，还要谨慎小心地管理自己与周围环境。在现代快节奏的生活与工作中，秘书的时间往往呈现凌乱化、碎片化、被动化的趋势，工作压力的日渐加重，要求秘书必须掌握一定的自我舒压的方式与途径。自我舒压、自我调节的目的是为了更好地学习、更好地工作，是为了能够更好地以健康的情绪面对未来的挑战。而面对强大的工作、竞争压力，秘书唯一的制胜法宝就是不断提升自己的学习能力，以“一专多能”的高要求不断强化自身的业务素养与能力。

秘书的诸多职业能力并不在于一朝一夕的练就，而是需要长期的学习与实践。这就要求秘书从业人员要善于学习、勇于实践，在学习中提升自我，在实践中总结归纳，在变化中演绎创新，在磨砺中寻求突破。一个优秀秘书的养成，需要“十年磨一剑”

的毅力，需要厚积薄发。在历史的长河中，很多伟大人物的成功之路，都有一段鲜为人知的“秘书生涯”。

二、秘书应具备的职业道德

国有国法，家有家规，行有行德。职业道德是同人们的职业活动相联系，具有自身职业特征的道德准则和规范。秘书工作的性质与特点，决定了秘书人员必须遵守以下职业道德：

（一）忠于职守，尽职尽责，自觉履行各项职责

秘书应忠于自己的工作岗位，忠于领导及上司，忠于单位和集体。秘书应自觉履行秘书的各项职责，认真辅助领导、上司做好各项工作。以强烈的事业心和责任感投入到工作之中，并懂得不擅权越位、不掺杂私念。

（二）服从上司，跟从领导，充分发挥辅助功能

领导、上司是秘书存在的根本前提，作为领导的参谋、上司的助手，秘书应当严格按照领导、上司的指示和意图办事，坚决杜绝自行其是、别出心裁。秘书要在自己的权力范围与工作职责内最大限度地发挥自己的主观能动性，充分发挥辅助性角色的强大功能，为领导、上司的最终决策提供全方位、多层次的参考。

（三）恪守信用，严守机密，努力塑造职业形象

秘书应遵守信用、遵守时间、遵守诺言。一经允诺，便努力达到工作要求、产生工作结果。秘书应严守机密，做好日常保密工作，不泄露、不散播机要信息，在生活与工作中，努力塑造秘书的职业形象。

（四）谦虚谨慎，兢兢业业，真诚践行奉献精神

热情工作、谦虚谨慎，是秘书应有的美德，切忌因人而异、亲疏有别，秘书应在实际工作中努力实现公正公平。秘书应对自己的工作兢兢业业、任劳任怨，甘当无名英雄。努力发挥实干精神，不过分追求名利得失，能吃苦耐劳，真诚践行奉献精神。

（五）实事求是，勇于创新，科学发挥主观能动性

秘书应坚持实事求是的工作作风。一切从实际出发，理论联系实际，坚持实践是检验真理的唯一标准。要在调查研究的基础上客观反映实际情况，在实事求是的基础上科学发挥主观能动性，勇于创新，敢于在实践中发觉新问题、研究新方法。

（六）遵纪守法，廉洁奉公，坚决杜绝以权谋私

不借领导、上司的名义以权谋私，遵纪守法、廉洁奉公是秘书从业人员职业活动能够正常进行的重要保证和根本前提。秘书从业人员应遵守职业纪律和与职业活动相关的法律、法规，应遵守道德品质和行为准则的职业要求。秘书在职业活动中要坚持原则，坚守道德底线。

（七）刻苦学习，努力钻研，全面提升思想觉悟

秘书要具备“三人行必有我师”的学习态度，要培养“见贤思齐”的学习热情，

要懂得“终身学习”的道理，在不断的刻苦学习中提升自己的专业素养，在努力钻研的过程中发现新问题、提出新方法。同时，秘书应在日常的学习与钻研中，重视思想觉悟的培养与提升，技能素养与思想道德的比翼双飞，方能成为一个真正意义上的优秀秘书。

练习题

1. 秘书含义的构成要素有哪几部分？
2. 秘书的能力要求与实际工作有哪些联系？
3. 秘书的根本性质与特征之间的关系是什么？
4. 秘书为什么应自觉遵守职业道德规范？

实训题

实训项目：秘书职业认同的培养

（一）实训准备

1. 网络资源。
2. 知名秘书的传记或故事。

（二）实训目的与要求

通过训练，加深对秘书职业的认识，培养职业认同感。

（三）实训方式

1. 以个人资料搜集与汇总的方式搜集历史上或当代著名的秘书的故事。
2. 对这些著名秘书的经历和素质进行分析和总结。
3. 归纳概括出一个优秀的秘书应该具备的知识储备、阅历储备与心理储备。

（四）实训提示

1. 资料搜集中可按照性别、职业的不同，寻找一些典型案例。

2. 著名的秘书从业人员还可以包括那些曾经从秘书职业发家致富、创造成功的世界名人。

3. 在进行综合分析与总结之前，可先制作一张参数表以便对比和参照。

4. 知识储备包括这些典型的在校学习经历和自我学习经历，阅历储备包括他们从小到大对其成长有举足轻重作用的部分，心理储备是指在遭遇一些苦难与人生挫折的时候他们所采取的对策。

第二章 日常事务工作

本章学习要求：

办公室的日常事务管理工作，即秘书的事务工作，包括办公环境的管理、管理自己和上司的时间、上司日程安排、接打电话与处理邮件、印信与保密工作、办公室零用现金的管理与费用报销等项目。要求通过本章的学习，领会和掌握办公环境的管理技能；掌握安排领导时间和日程的技能技巧，掌握接打电话与处理邮件的技能，掌握印章和证明信函的保管和使用技能，掌握做好保密工作的技能技巧，掌握办公室零用现金的管理与费用报销的技能技巧。

第一节 办公环境的管理

案例

由于业务迅速发展，四川天一有限公司原来的办公地点已经不符合需要，公司决定将办公地点搬到金堂的商务大厦。公司总经理许行正好要出差，他吩咐秘书小周布置好总经理办公室。

经过了认真考虑，小周对办公环境做了一个设计。

（1）许总的办公室在最里间，小周的办公室就在许总办公室的外面，两屋有一扇门相通，任何人要进入许总办公室都得从小周的办公室通过，小周的办公室就相当于枢纽和窗口。其他的部门呈半环形分布在小周和许总办公室的对面。

（2）秘书办公室安排。在办公室办公用品的布置方面，在小周的办公桌上放了一台电脑，一台传真机，三部电话，一些文件柜、文件夹和几页未装进文件夹的散开的文件，另有一些笔筒之类的必备用品，每一样都要摆放整齐。办公桌的前面放一些为客人准备的椅子和沙发，办公桌后面放秘书的椅子，再后面则是靠墙的大立柜，里面分格、分层放各类文件和书籍。大型立柜的旁边紧挨墙的地方放置一个齐腰的矮柜，上面放置饮水机，小柜里放一些纸杯和咖啡、方糖之类的饮料和食品。

（3）许总办公室安排。空间更宽大一些，基本布置和秘书办公室类似。宽大的办公桌上也有一台电脑，另外只简单摆放电话和一些文件夹，安排并列的靠墙立式柜，在另一面靠墙的地方环形摆开沙发。整个办公室体现出一种简约美。

（4）在办公气氛的适当渲染上，小周准备在秘书办公室窗台上放置各式盆景和鲜花，在进门的右边放置一棵高大的绿色灌木。在总经理办公室墙面上张贴几幅书法和绘画，以加强文化气息，给来访的公司内外的客人一个良好的印象。

提问：

(1) 在本案例中，小周的布置主要是从哪些方面入手的？

(2) 你认为小周的布置恰当吗？为什么？

案例分析

在企业中，秘书可能与上司在一个办公室，也可能自己拥有一个办公室。秘书应该重视对办公室的设计、布局、布置及对办公环境的美化。环境美化主要是指工作场所（办公室）选择适当，布局合理，布置现代化，既适合工作的需要，又有益于工作人员的身体健康。

环境美化是工作效率的保证。办公机器、设备的恰当摆放，地毯和现代化装饰品、自然的或人工的花卉植物等的圆满布置，会令人产生一种舒适的感觉，陶冶人的情操，提高工作效率。本案例中秘书小周懂得办公环境与工作效率之间的关系，因而能主动为上司和自己布置和设计美观、恰当的办公环境，这是值得每位秘书工作者学习的。

一、办公室环境的构成

办公室环境是秘书工作的主要场所，办公室环境的维护与管理是秘书的工作职责之一。幽雅、整洁有序、布局合理的办公室环境可以营造良好的工作气氛，有利于提高工作效率和树立企业的良好形象。要履行好办公室环境维护与管理的职责，秘书必须对办公室环境有明确的认识。

办公室环境的内容主要包括：硬环境和软环境。硬环境也可以说是自然环境，它是指办公室的绿化环境、空气环境、光线环境、颜色环境、声音环境、设备环境、安全环境等七项。软环境也可以说是社会环境，它是指办公室的人际关系环境。要营造环境友好、人际和谐的办公室工作氛围，就必须改变现状，正确地认识办公室环境，积极地改变环境，主动地适应环境，致力克服现实困难，不断改善办公室环境。

1. 办公室布局

对大部分秘书而言，入职之时办公室布局早已定型，但你可以根据自己的感悟和实际的需要，说服上司作适当调整。办公室布局应根据工作流程和职位进行安排，讲究合理有序、错落有致、功能清楚、互不干扰。

2. 办公室绿化

办公室的绿化是改善工作环境、提高工作效率和工作质量的一种有效的方法。现在的公司都非常注意办公环境的绿化，秘书要掌握其中的一些相关知识，做好办公环境的布置。

办公室绿化主要包括会客室的绿化和上司办公室的绿化。会客室是商务活动的中心，是接待宾客的主要场所，整体气氛要求温馨、高雅、热情，绿化适宜布置观赏植物、名贵或珍奇品种等。上司办公室是上司集中精力工作和思考决策的场所，要求宁静、宽敞、舒适，绿化装饰应色淡香微，植物个体不能大，以小巧、别致为主。

在进行办公室绿化时要注意植物和花卉对人体的影响，要选择对人体有益的物种，譬如能清除室内甲醛等多种有害气体的吊兰，能消毒空气、消灭病菌的玫瑰，能提神醒脑、活跃思维的菊花等。此外，还要注意选择适合当地气候条件、生命力强、容易养护的品种，若能兼顾形状美观、花势茂盛、讨口彩就更好了，如发财树、铁树、开运竹、富贵竹之类。

3. 办公室空气

办公室人员工作紧张、压力较大，如果空气质量差，容易使人疲倦、郁闷、沮丧。因此，办公室的空气应达到以下几点要求。

（1）新鲜的空气

很多办公大楼都装有中央空调系统，如果办公室单独安装空调，要注意由送风口吹出的冷（热）气不能直接吹向人体，需要在室内放置温度计以及温度调节器，以保持合适的温度和湿度，有益健康。办公室也不能整天封闭使用空调器，应有一定的时间打开窗户，换取自然新鲜的空气。

（2）温度适中

现在很多办公室都有空调设备，使用空调要注意送风口不能直接对着人体，即使酷暑或严寒天气也不能开得太冷或太热，如果室内外温差过大，容易引发现代病——“空调病”。一般认为，最适合人体的室温为 18℃ ~26℃，国家标准为冬季16℃ ~24℃。

（3）湿度合理

办公室湿度高会令汗液无法挥发、体温上升，从而使人无精打采；同时，湿度高容易滋生细菌，增加人体患上消化系统及皮肤病的机会。而湿度过低，会令身体水分蒸发过快，致使皮肤干燥，容易诱发呼吸系统疾病。国家室内空气的参考相对湿度标准是夏天 40% ~80%，冬天 30% ~60%。

（4）气味芬芳

芳香的气味能沁人心脾，通过人的呼吸系统，渗入血管、刺激大脑发展，调节人体的心理状态，舒缓紧张情绪，减缓疲劳。因此，可以在办公场所适当使用带气味的空气清新剂，但在使用时一定要掌握它的剂量和特性，否则，将会因为气味太浓或多种香气混杂而令人眩晕、恶心，引起身体不适。

通常情况下，茉莉花香型气味可抚慰烦躁、舒缓紧张；檀香型气味有镇定效果，能消除沮丧心理；橙花香型气味可减轻长期紧张造成的焦虑与压抑；薄荷香型气味能平息愤怒情绪、舒缓精神疲倦；桉树香型气味可提神醒脑，帮助人集中注意力；迷迭香型气味有助血液循环，可使头脑清醒。

4. 办公室光线

办公室的光线来自两个方面：一是自然采光，二是照明光。一般来说，要尽可能采用自然光照明，注意光线不能太强，必要时可用百叶窗或窗帘来调节采光。照明是人与人、人与物沟通以及空间舒适的重要因素。眼睛疲劳主要由亮度、暗度、常变化刺眼的程度、逆光等因素所引起。在操作办公设备时，为了防止眼睛疲劳，避免光线过于刺眼或光度不够，就要使用带有灯罩的照明灯具。有些现代化的办公楼采用电脑控制灯光，配合各办公场所使用目的的不同进行照明控制，效果很好。

除了自然光之外，办公室的灯光应分布均匀，避免外露在吊顶下面，理想的是嵌入式筒灯或槽形灯管，这样会使空间显得高一些。

室内照明灯具的选择强调自然明亮，光照度必须充足，否则会有昏昏沉沉的感觉，如果为了节能，应选择像肯德基快餐店里的那种明亮温馨的节能白炽灯，不要使用荧光节能灯，因为后者惨白的灯光会让人的脸色毫无血色，使办公室阴气沉沉。

5. 办公室声音

在开放式的办公布局中，最大的一个弊病就是产生的噪音会影响所有的人。怎样尽量减少办公室的噪音，提高办公效率，也是秘书要考虑的问题。

在办公室声音的管理上，应注意消除噪音。噪音使人心情烦躁，不能镇定，思维模糊，注意力不能集中。办公室的噪音源主要有：办公机械噪音，如空调、排气扇、打印机、电话等；自身人为噪音，如有的人大声喧哗、搬动工具、安装设备等；外来噪音，如处于公路边的办公室、左邻右舍是生产区的办公室等，都会受到噪音干扰。要解决或减轻上述噪音问题，除了用隔音效果好的门窗以外，还可以使用隔音板或把办公设备统一安放在一个独立单间。

很多企业不仅仅停留在消除噪音的这个层次上，为了给员工营造一个既安静又优美的工作环境，提高工作效率，还借用了高级宾馆的一些做法。很多星级宾馆都有背景音乐，这也许是人们为什么那么喜欢并流连于其中的原因之一。的确，当你沉浸在那种倾心细听才能感觉到的似有若无的背景音乐中时，你的心情总会是格外地宁静与安详，以至于你的思想意识和谈吐举止也因为这份轻柔曼妙而优雅斯文起来。正是由于这个原因，不少企业的办公环境中也引进了背景音乐系统，希望借此提高企业的文化格调，提高工作效率，产生思想的创造力。但是，选择什么样的背景音乐，用什么样的音量播放，其实是很有讲究的，最理想的背景音乐应该是非常美妙、非常飘逸、非常轻柔悠扬的。尤其是用长笛、竹笛、双簧管、萨克斯、电子合成器演奏的音乐，特别具有这种空灵的意境，使人全身得到放松，压力得到释放，心灵得到净化。但是，再好的音乐在播放时都应控制音量，否则就会变成噪音，就会让人心烦意乱，甚至神经错乱。办公环境当然需要保持安静，但绝对的安静也会使人产生幻觉，因此，最恰当的分寸是似有若无。至于时间，则最好是一直不间断，始终让音乐弥漫在空气中。

6. 办公室安全

办公环境中常见有害健康和安全的隐患包括：

（1）地、墙、天花板、门、窗中的隐患，如离开办公室前不锁门。

（2）室内光线、温度通风、噪音、通道方面的隐患，如光线不足或光线耀眼。

（3）办公家具方面的隐患，如电脑键盘桌面过高，难以用正确的姿态操作。

（4）办公设备及操作中的隐患，如设备电器插头打火或电线磨损裸露。

（5）工作中疏忽大意造成伤害的隐患，如站在椅子上举放物品。

（6）工作中疏忽大意造成失密的隐患，如复印时将保密原件忘在复印机玻璃板上。

（7）火灾隐患，如乱扔的烟头或在灭火器前堆放物品。

秘书要针对这些办公室安全隐患采取相应的措施，创造一个健康安全的办公环境。

二、办公室布置

1. 办公室布置的具体要求

办公桌的排列应按照直线对称的原则和工作程序的顺序，其线路以最接近直线为佳，防止逆流与交叉现象。同室工作人员应朝向同一方向办公，不可面面相对，以免相互干扰和闲谈。各座位间通道要适宜，应以事就人，不以人就事，以免往返浪费时间。

领导者位于后方，以便监督，同时不因领导者接洽工作转移和分散工作人员的视线和精力。光线应来自左方，以保护视力。常用设备应放在使用者近处。电话最好是5平方米范围一部，以免接电话离座位太远，分散精力，影响效率。

办公室的用具设计要精美，坚固耐用，适应现代化要求。办公桌是工作人员的必备工具，应注意美观、实用。有条件的可采用自动升降办公椅，以适应工作人员的身体高度的不同。同时，应根据不同的工作性质，设计不同形式的办公桌椅。另外，办公室应根据不同情况，设置垂直式档案柜、旋转式卡片柜和来往式挡槽，以便存放必要的资料、文件和卡片等，便于随时翻看。这些设备和桌椅一样，应装置滑轮，便于移动，平时置于一边，用时推至身边，方便实用。

2. 办公室布置三大原则

办公室的布置不是简单的设施摆放，还需要考虑工作人员在其间工作的舒适感、与办公环境的协调以及有利于工作人员之间的沟通和监督等要素。其布置的主要原则有以下三个方面。

（1）有利于沟通

沟通是人与人之间思想、信息的传达和交换。通过这种传达和交换，使人们在目标、概念、意志、兴趣、情绪、感情等方面达成理解、协调一致。办公室作为一个工作系统，必须保证工作人员之间充分的沟通，才能实现信息及时有效的流转，系统内各因子、各环节也才能协调地运行。

（2）便于监督

办公室的布置必须有利于监督，特别有利于职员的自我监督与内部监督。办公室的布置要适应自我监督的需要，所谓自我监督，是指进行自我约束和控制，自觉遵守公司的规章制度等。

办公室是集体工作的场所，上下级之间、同事之间既需要沟通，也需要相互督促检查。由于精力、学问、性格等方面的差异，每个人都有各自的特点，有优点和长处，也有缺点和不足；而个人的缺点往往又是自己难以觉察到的，如不及时纠正，便会给工作带来损失。同事之间的相互监督能够有效地避免这一问题。因此，办公室的布置必须有利于在工作中相互督促、相互提醒，从而把工作中的失误减少到最低限度。

（3）协调、舒适

协调、舒适是办公室布置的一项基本准则。协调是物质环境与工作要求的协调，它包括办公室设备的空间分布、墙壁的颜色、室内光线、空间的大小等与工作的特点、性质的协调，人与工作安排的协调，人与人的协调和工作人员个体、志趣、利益的协调以及上下级的工作协调等。舒适是人们在布置合理的办公场所中工作时，身体各部位没有不适感或不适感最小。对协调与舒适而言，协调是前提，只有协调，才会有舒适。

案例

客舱服务部的办公室

我很喜欢参观各个航空公司的客舱服务部，这里是空中服务的管理部门，很多领导和工作人员都是从空中乘务员这个岗位成长起来的，他们大多是一些心思细腻的人。办公桌上最常见的物品是飞机模型，各种型号的都有；一些桌上放着从国外飞行带回来的新颖的办公用品，如胶水、笔、便笺等，似乎掏自己的腰包买一些办公用品也没有关系，最重要的是工作时开心；偶尔在桌上的搁板上能够看到他们的飞行照片，因为大多数人仍在从事飞行工作，即使进入机关承担乘务管理，也不会完全脱离飞行，只有时刻了解当前的旅客需求、航线特点、服务现状，才能够实施有效的管理。如果一进门看到衣架上挂着飞行的制服，下面放着飞行箱也不要奇怪，一定是有人刚下飞机又赶来上班。尽管每个办公室的物品都很多，但却不会给人以凌乱污浊之感，这完全得益于他们对物品有效的归纳和整理，当然最重要的是营造出来的氛围。

案例分析：

好的办公环境应该具有哪些要素？

好的办公环境会使人有工作的欲望，客户也愿意拜访和交流。每一个身在职场的人，为了自己、为了同事、为了客户，有责任和义务创造一个舒适的办公环境。

三、办公环境的维护

1. 工作方法

（1）经常清洁、整理责任区

① 秘书要经常清洁、整理办公区。

清洁台面、地面、计算机、负责的设备、办公家具以及门窗墙壁等处；保持办公桌面清洁、美观、不乱放零散的物品和无用的东西，也不能摆放私人的物品；电话按键和听筒应经常清洁消毒；来访者用过的茶具应立即清洁干净并重新摆放好；废纸筒要放在隐秘处，每天下班前予以清理。

② 自觉清洁、整理本人参与的公共区域。

经常清洁、整理复印机、打印机等设备的周围，发现复印机出现问题应积极联系维修人员，发现休息间的咖啡罐、杯碟凌乱时应主动进行整理；经常清理参与使用的茶水桌，保持桌面、地面无弃物、无水迹，茶具清洁整齐；经常清理参与使用的文件柜、书架、物品柜家具；注意清理由自己负责的接待区或会议室，并在访客离开或会后立即清理，保证在下一个访客或会议前又呈现一个清洁、整齐的环境。

（2）设备、物品放置适当，取用有序

① 本人经常使用的办公用品和设备摆放有序、方便操作。

自用的办公文具、用品、零散物件应有序地放在抽屉里，按照使用频率及使用习惯安排；常用文件夹应整齐地叠放在桌边或直立在文件夹上，并贴上标识予以区分，取用有序，保密的文件和不常用的文件夹应存放在文件柜里；专用的电话应放在左手边方便拿到的位置，以便右手记录留言；计算机、打印机等用电设备宜放在一起，便于电源接线和管理。

② 公用资源摆放有序，用后要归位。

文件柜里的公用文件夹要整齐有序地摆放，取用后要放回原位置，方便他人再用；公用办公用品柜里的物品也要放置规范，通常重的、大的放在下面，轻的、小的放上面，且摆放有序，便于取用，并做到用后归位；一些常用的公用物品，如电话号码簿、航班表、火车时刻表、字典等按要求放在柜子里或书架上，注意用后放回原位，不给他人带来不便；接待区为访客阅览的宣传品、资料以及报纸杂志应整齐地摆放或码放，并经常整理，做好接待窗口的对外形象。

2. 相关概念

责任区域一般包括以下几部分。

（1）个人区域

个人区域是秘书自己的办公区域，区域中应做到整齐、简洁、有序。例如，一名接待员所负责的接待区全部设施和设备，或者一名秘书办公桌椅围绕的区域中地面、墙壁以及家具和负责的所有电器设备。

（2）公共区域

公共区域是指秘书复印、发传真、接待来宾等进入的、与其他同事共用的区域。如经常使用的传真机、复印机、与同事共同使用的柜架、办公室的茶桌等。

（3）上司的办公区域

上司的办公区域是秘书经常进出的区域，也是秘书应该负责进行管理的区域。这一区域的绿化、空气、光线、颜色、声音、设备、安全都应该由秘书进行协调，使之达到最佳状态。

四、办公用品的管理

小蒋是四川天一有限公司总经理的秘书，也是办公室办公用品的发放员。目前，办公室的文件夹需要添置，蒋秘书根据以前的惯例，准备这次为办公室补充30个文件夹。首先，他了解到公司库存还有20个，所以填写了一份采购10个文件夹的采购单。经上司同意后，蒋秘书多家比较产品的质量和供应商的服务，购买了需要的产品并取得有关凭证。发放时，优先保证重要的总经理办公室使用，然后再给其他部门。

案例分析

蒋秘书的上述工作属于日常工作中办公室用品的管理。其中办公用品的计划和发放需要秘书有专业的管理能力。学习这方面的知识对秘书处理办公用品的管理工作很有必要。

1. 办公室用品的计划

（1）办公用品的分类

① 纸簿类：包括 A4、B5 等类型的办公用复印纸，带单位抬头的用纸，普通白纸，

复写纸，便条纸，留言条，标签纸，牛皮纸，专用复写纸，大、中、小及开窗信封，横格笔记本，速记本，专用本册（如现金收据本）等。

② 笔记类：包括铅笔、圆珠笔、钢笔、彩色笔、白板笔、橡皮、各种尺子、修正液等。

③ 小装订类：包括大头针、曲别针、剪刀、打孔机、订书机、订书钉、橡皮筋、胶带、起钉器等。

④ 归档用品：包括各种文件夹、档案袋、收件日期戳等。

⑤ 办公设备专用易耗品：包括机用色带，修正液，复印机用墨盒，计算机用磁盘、磁盘盒等。

（2）办公用品的计划与采购

秘书在办公用品采购前要做一个采购计划，该计划一般包括采购用品的名称、数量、规格、单位、申请部门、库存、实需购买量、完成情况等。公司如果制定了统一的表格，秘书就应该按照公司规定，正确填写采购计划。如果公司未作统一规定，秘书可以根据采购计划所需的内容自己编写，如表 2－1 所示：

表 2－1　　办公用品采购计划（　　年　月）

编号：003291　　版本：A　　流水号：001

序号	名称	规格	单位	数量	申请部门	库存	实需购买量	完成情况
1	墨盒	爱普生 749 彩	个	2	办公室	0	2	
2	回形针盒		盒	0	3			
3	剪刀	中	把	3	办公室	0	3	
4	签字笔		支	0	3			
5	茶叶		包	0	2			

在采购时，如果是秘书亲自前往，秘书应注意遵循物美价廉的原则，按照采购计划尽量节省行政经费的支出。秘书购进物品之后，要将发货票交给保管员，由保管员凭票清点入库。采购工作中，要严格执行财务制度，做到单据、账目、手续清楚。除此之外，秘书还应该做到以下几点：

了解需求：了解各类物品的基本形态、样式和功能，比较各厂商的价格、质量、信誉。

适合需要：分析各类物品适合企业的用途，决定哪些办公用品为真正所需。

合乎规格：注意物品性能是否符合标准；是否坚固耐用并有多种用途；物品质量是否符合需要；厂商是否能提供培训和维护服务。

及时供应：一经采购，供应商是否能够按照时间、数量和地点的要求及时供应。

经济合理：做到价格适当、大量采购可以优惠。

2. 办公用品的发放

为了能有序地发放办公用品，保证办公用品的有序管理，公司要建立严格的发放制度：

① 办公用品的发放由专人负责。

②办公用品定时发放。

③领用办公用品需填写物品申请表（表2－2）。

表2－2　　办公用品申请表

四川天一有限公司办公用品领用申请表　　NO：00505

领用部门		领用人	
品名规格型号	数量	单价	特殊要求
领用用途			
部门意见		领用人签字	
批准人签字		发放人签字	

④明确紧急领用物品程序。一般情况下，公司不主张发放人员在规定之外的时间发放办公用品。但是在办公活动中，由于各种原因，我们需要在特殊情况下，未预料到的时候领取需用的办公用品。公司建立制度时应考虑到这样的特殊情况，要对领取人所持单据有所要求。一般来说，除正常领用所需的申请表外，领取人还应该提供其上司的特批单。发放员收到单据后，要请示上司意见，如果上司同意发放，请上司签字后就可以为领取人发放用品。特殊情况下的用品借用，也应参照紧急领用用品的办法施行。

制度建立后应严格按照制度来实施和操作，保证办公用品的有序发放。

3. 节约使用办公用品的措施

（1）复印

申请复印时必须填写有细节要求的申请表，并在复印前由主管人员签字批准，也可以发复印卡以限制部门的使用。较昂贵的复印如彩色复印，可由中心服务区按部门根据需要复印，并由各个部门独立核算成本。

（2）传真

指定人员使用传真机，登记并保留所有发送记录，其中包括日期、发送信息人的姓名和信息接收者等项目。

（3）计算机、打印机、因特网

很多单位已在工作中提供该类设备，但在使用中要注意：昂贵的设备要控制使用；要严格监督因特网的使用。

（4）电话、移动电话

应控制公话私用，控制国内国际长途电话的使用，按单位有关规定使用移动电话，定期检查并核对电话账单以控制开销。

(5) 调配和利用办公资源

① 设备建档与运行记录

办公设备建档。设备档案内容包括商品名称、设备制造商、制造时间、购买时间、开始使用时间、放置的地点等。

设备的操作、保修和维护信息。这是指该设备制造商编制的操作使用指南、该设备的正常保修和维护信息登记。

设备的故障排除和零部件更换信息。这是指该设备发生故障的日期、故障情况、报告人、维修或更换零部件情况等信息的登记。

设备使用情况登记。每件设备都得建立使用日志。设备的使用日志内容有：使用日期、运行时间及运行状况等。

② 合理调配使用设备

汇总设备使用信息。所有办公设备的维护和使用情况在规定的时段要进行统计整理，然后汇总列表，以此作为调配使用的依据。

设备的调配使用。若某项设备的使用不是满负荷，在需要的情况下，可调整与其他需要的部门合用，以充分发挥设备应有的功效；若某些设备长期闲置不用，在其他部门需要时，应进行调配，以充分利用办公资源。

第二节　管理自己与上司的时间

案例

现代社会经济发展迅速，公司之间的竞争也在加剧。作为对公司的发展负有重大责任的上司，每天都要处理千头万绪的事务。秘书在这千头万绪的事务中能起到什么作用呢？下面是一个小例子，希望秘书看了能够对时间的管理有所启发。

经理按铃叫进秘书，想知道上午有什么必须汇报给他的事情。今天是新来的秘书张小姐，她性格开朗，办事风风火火。一进门，她就大声问："什么事，老总？"

"请把上午重要来电内容讲一下，张小姐。"

"噢，蓝星公司经理来电，说他刚从德国访问回来，只是告诉您一下。还让您问汪经理好。"

"嗯？"经理翻了一下眼皮，又问："还有吗？"

"您太太中午来过电话。"

"什么事？"

"让您回电话，两点以前，别忘了。"

"没有啦？"

"没有了。"张小姐看了看记录。

"约天意公司看房的时间定下来了没有？"

"哎呀，糟糕，忘了联络。"

“马上去联系!”经理挥了挥手，自己又忙着处理其他事务了。张小姐跑起来鞋跟叮叮直响，她迅速去打那个险些误了事的联络电话。

周末工作会议上，经理要求人事部门重新聘个称职的秘书来。张小姐感到委屈，她莫名其妙地问：“我怎么了?”

案例分析

张小姐为什么会被经理炒掉？商场当中，上司的事情多而杂，秘书的很大职责就是采取各种形式把这些多而杂的问题和事情安排好，每天、每月，甚至每季度、每年都应该有计划安排表，还应该有日志、台历、备忘录、计算机台式日志等办公室辅助手段，这样才能把事情安排得有条不紊，上司才能把更多的精力投入到如何做事情上，而不是为今天先做什么、后做什么、做哪些事情而烦恼分神。张小姐连一天的工作都安排不好，难怪经理要辞退她了。

一、学会管理自己的时间

秘书要协助上司管理时间，提高工作效率，这是一个很重要的职责。而作为一个刚刚走上秘书岗位的初级秘书来说，因为没有经验，上司不可能在这个时候把这么重要的工作交给你。但是你可以做到学会管理好自己的时间，为下一步协助上司管理时间掌握科学的方法、积累丰富的经验。

你对自己的时间管理能力了解吗？可能很多人心里未必有数。我们可以来评估一下自己管理时间的能力。千万不要轻视这个过程，它可以为你今后的工作打下基础。(见表 2 - 3)

表 2 - 3　　自我时间管理的评估问卷

问题	是	否
①当我第一眼看到散乱的纸张和物件时不会想到要马上收拾。		
②我做事一般不作计划，想到什么就做什么。		
③我经常需要被别人催促着完成某项工作。		
④我做事一般不考虑先后顺序，总是想到什么就做什么。		
⑤我每天都要花 20 分钟以上的时间来寻找东西。		
⑥我完成工作的时间总是比我计划的时间要长。		
⑦如果是我来安排时间的话，我的工作伙伴工作都很消极。		
⑧我着手进行的工作总是比我计划要做的工作要多。		
⑨我总是很忙碌但看不到什么效果。		
⑩我完成我认为重要的工作时间都比别人完成的时间要长。		

如果回答上述问题为“是”的超过了 5 个，时间管理的能力属于较差，有必要认真学习时间管理的方法和技能了。如果回答“是”少于 3 个，那说明有能力管理好自己的时间。

二、工作环境对时间管理的重要性

1. 创造整齐的工作环境

秘书应该意识到一个有序的整齐的工作环境对于自己的时间管理有多么重要。将自己的文件及各种资料按照一定的规律整理，将办公场所的各类物品有序排列存放，避免出现频繁寻找物品而浪费时间的情况，就可以大大提高使用时间的效率。

2. 避免或减少外来干扰

（1）设定完成工作的时间标准，避免干扰：现代化的公司大多使用一种开放式的办公布局。这种布局有诸多的好处，但它有一个问题，就是职员容易受到干扰。秘书要在这种办公布局中不受干扰地完成工作任务，就要敢于给自己设定每件工作的时间标准和期限，并严格按照计划执行。在执行计划时尽量减少外来干扰。比如同事们来来往往可能会经常打扰自己的工作，那秘书就应该埋头工作，尽量不要抬头，否则目光一旦接触到过往的同事，很有可能使来往的人停留下来。

（2）分清事情的紧急程度，确定是否中断手中的工作：当秘书正在聚精会神地工作时，有人突然找来做什么事情。这时，秘书要区分一下情况，如果不是紧急事务或者是经理交办的事，那么大可不必碍于面子而影响自己的重要工作，可以告诉对方自己要把手头的工作处理完毕后再处理。遇到这种情况时，要注意与人交流时的技巧，态度尽量好一些，诚恳一些。

三、导致时间浪费的一些因素

日常工作中，有这样一些情况导致我们的时间如流水一般溜走：

1. 寻找东西

对于一个没有什么条理性的人来说，每天会有大量的时间浪费在寻找文件以及各种物品上。一个做事缺乏条理性的秘书要通过加强工作的计划性来克服这种毛病。

2. 不必要的电话

公司办公室一天里有多少次因为电话铃响而使秘书不得不从重要的工作中停下来？有多少电话是不期而至的？每个电话平均是多长时间？有多大比例的电话是真正必要的？是不是经常容忍电话拖延时间？是不是有时因为给某人打电话时忘记某些事情而不得不再次打电话？

3. 拖延工作

我们经常会找各种各样的借口来拖延工作，想想，在过去的几个星期里有哪些工作没有完成？你都用一些什么借口来解释工作的拖延？这些被拖延的工作通常会有什么样的结果？

4. 注意力不集中

这也是造成时间浪费的一个重要原因。你想想，是不是在完成重要工作时你会想到一些与工作无关的事情，比如某处一件漂亮的衣服，某位明星的逸闻趣事，或者是下班后准备与好朋友到何处去消遣等。这会使你总是不能完全处于工作状态中，有人路过你的办公桌旁你会不经意地抬头看对方，然后与对方开始搭讪和闲聊。这些虽然看起来是小事，但一个人真正进入工作状态有一个过程，当你不断地因为一些小事而受到干扰时，你就永远都进入不了工作状态，你的时间就必然会因此而浪费掉。

5. 过于挑剔

我们一般都认为，把事情做得尽善尽美、100%正确肯定是一件好事，而实际上很多工作并不需要这样，有95%的正确率就足够了。因为过于追求完美会让我们的时间浪费在对细节的过于关注上，从而影响了我们去完成其他一些更加重要的工作。

四、有效管理时间的方法

时间既是一个常数，公平地分配给每一个人，又是一个变数，善用则多，不善用则少。珍惜时间，一分劳动就有一分收获。有效时间管理可以采取下面的一些方法：

1. 明确目标和自己的工作任务及职责

目标是人们努力和奋斗的方向，明确目标有助于人们分清各种事情的轻重缓急，把握重点，从而有效地安排时间。秘书要想让每天纷繁无序的工作变得井井有条，取得最高成效，就需分清哪些工作应由自己来完成，哪些工作应协助别人完成，哪些工作应起好牵头作用协调有关部门共同完成，哪些工作可以不参与。这就要求秘书必须要有明确的工作目标，必须弄清自己的工作任务和职责。

（1）要了解公司的整体目标或远期目标，了解自己所在部门（或所服务的对象）的工作目标和分工的工作职责，这实际上是公司整体目标的分解，也是你工作的具体环境。

（2）要了解自己所在职位的任务、职责及工作重点，它是部门职责（目标）的分解，是自己的工作目标。

（3）学会区分常规工作和非常规工作。秘书要学会分辨哪些是每日都有的工作，哪些是定期会出现的工作，哪些是无法预料、偶然出现的工作，这样就能合理地安排时间。例如，信函和邮件的处理，这是每天的常规工作，一天不做就会贻误紧急的信件；而上司临时交办的取文件、找人、去银行交费等工作就属于非常规工作。

（4）应该为自己设立职业发展目标，更主动地把握自己的人生发展方向，不断取得进步。目标应该是切合实际的，你应该有足够的时间、能力去完成所设定目标，还应该知道能否获得和可从哪儿获得你所需要的各种支持及必备的资源。

2. 制订工作计划

明确了目标之后，就可以按各项工作的轻重缓急程度安排工作计划。计划是你将各项工作付诸实施的保证，必须提前对各项工作作出安排，越是重要的工作，越要及早作出计划。

3. 善于利用有效管理时间的工具

有多种管理时间的辅助手段，这些辅助手段有助于秘书有效地分配和管理时间，例如时间表、值班表、工作记录本、效率手册、计划图表、布告板等。

（1）工作纪律本：千万不要只相信自己的记忆力，记录本才可以真正帮助你不忘掉任何事。几乎所有的伟人都有把想法记录下来的习惯。用一个专门的本子，每天从新的一页开始，记下所有要做的工作，包括上司的吩咐、同事的请求、自己每天新出现的工作、一闪而过的想法等。一本记录本记满之后，不要马上扔掉，它可以从很多方面帮助你分析总结工作。

（2）工作计划系统：秘书可以使用的工作计划工具很多。传统工具中，有一种附有12个月及两套以上31天的专用标签的文件夹或卡片柜，按12个月顺序排列，方便秘书将各项非当天的工作安排及有关文件放进去。与这个工具相类似的，是很多公司都有的“效率手册”一类的小册子，它们同样也能进行较长期的时间管理，记下一些中远期的工作，如下个月某一天某时将在某地举行会议，而它的体积比前者要小很多，便于随身携带。但它的缺陷是每天只有一页纸的固定空间，不能附加材料，对于工作量很大的人，要完全记下各项安排可能会有些困难。

（3）每天的时间表和值班表：它有助于详细安排每天要做的事。它可以是一个本子，也可以是一张纸。

（4）必须随时要有一个准确的日历，帮助你准确及时地知道确切的时间。

五、为上司安排活动时间表

1. 时间表的类型

通常秘书要为上司的各种活动和会议作好月安排和周安排。常见的时间表包括：年度时间表、季度时间表、月时间表、周时间表。下面就月时间表和周时间表作详细说明：

（1）月时间表。月时间表通常有两种编制方式。其一，由公司的主要领导召开会议，在会上请其他领导提出下个月的计划，再结合集体议定事项，由秘书制表，经主要领导审定后再下发实施。其二，是在月底秘书部门请各位领导将下月的安排或活动以口头或书面形式交给秘书综合整理，如有冲突，则加以沟通协调，然后交主管领导审定下发实施。月时间表的举例见表2-4。

表2-4　　月时间表

月份 周次	4月份	5月份	6月份
第1周	周一上午汪总面试人事总监	汪总去香港与劳瑞德公司进行商务谈判	上半年绩效评估工作部署
第2周	周五对全体员工进行办公礼仪培训	周一上午开董事会会议	各部门自行评估
第3周	公司品牌战略研讨会（在金堂分公司召开）	周三召开公司办公会议	对各部门主管进行绩效评估
第4周	周一传达金堂会议精神	周二公司领导审看广告片	周五上午召开部门经理会

（2）周时间表。周时间表是在月时间表的基础上制定的，制定的方法是，在每周一的上午或是每周五的下午，由主要领导开碰头会来协商本周的活动安排，加上平时收集的信息，由秘书填写在固定的按周一至周五划分并分上下午时间的表格中，并经

主管人员过目之后，印发给相关人员。周时间表示例见表2－5。

表2－5　　　　　　　　　　　　　周时间表

星期 时间	星期一	星期二	星期三	星期四	星期五
8：30	部门经理例会				全体员工大会
9：00		接待瑞士投资考察团	人力总监面试前台秘书	部门经理会讨论营销总监人选	
10：00	总经理面试营销总监				
11：00					
12：00	总经理听取培训经理汇报并共进工作餐	招待瑞士投资考察团的宴会			
13：00			财务总监向董事会汇报财务状况		各部门会议
14：00	总经理与法律顾问会面	瑞士投资考察团参观公司生产区			
15：00					
16：00	JB项目团队会议				
17：00					
18：00					

2. 上司活动的主要内容

公司、企业的领导通常的活动内容包括：各类会议、参观访问、庆典仪式、集体视察、接待洽谈、宴请活动、报告演讲、节庆活动、慰问活动、纪念活动、出差休假等。秘书部门需对上司和领导活动的安排进行整体统筹协调，需考虑到外事活动和内部活动的不同特点，并要注意综合权衡领导成员的分工、时间、年龄、体力、精力等各方面的因素。领导活动的时间表安排需征求其本人的意见。

3. 领导活动时间表的作用

领导活动的时间表主要有以下作用：

（1）便于领导内部工作的协调。

（2）使领导能了解自己的工作计划，做到心中有数，从而可合理地安排自己的工作。

（3）方便各业务部门和职能部门向领导请示、汇报。

（4）便于秘书跟踪掌握上司的行踪，及时做好信息反馈。

六、做好上司和自己的工作日志

秘书的一项重要工作内容就是节省上司的时间，工作日志是秘书协助上司提高效率的一种很重要的工具，秘书应学会很好地利用它。工作日志的制订一定要详细。

1. 工作日志填写的信息内容

工作日志应备有手工填写和电子的两种，二者填写的信息内容应相同。上司的工作日志内容通常包括：

（1）上司在单位内部参加的会议、活动情况，要记录清楚时间、地点、内容。

（2）上司到单位外部参加会议、活动时的来访，要记录清楚来访者的姓名、单位详情、所预约的下次来访时间。

（3）上司在单位外部参加的会议、活动、约会等情况，要记录清楚时间、地点及确切细节、对方的联络方法等。

（4）上司个人的安排，如去医院看病等，秘书应保证不在这段时间内安排上司其他事宜。

（5）上司私人的信息，如亲属的生日，提醒上司购买生日卡或礼物。

秘书的日志内容除了包含上司的日志内容外，还需要包括：上司的各项活动需要秘书协助准备的事宜，例如为上司的某某会议准备发言稿、订机票等；上司交自己办的工作，例如为签字仪式联系地点、媒体等一系列准备工作；自己职责中应做的工作、活动。秘书工作日志示例见表2-6。

表2-6　秘书工作日志

2012年11月7日星期三			
时间	工作内容	地点	备注
8：00	部门经理会议准备工作	董事长会议室	A文件
9：00	进行办公用品发放，安排修理打印机	办公室	
9：40	招聘面试新员工会议室准备	会议室	
12：00	提醒：百色俱乐部午餐会晤		
14：40	提醒：接待四川天一有限公司代表团	岷山饭店东江房	
16：00	个人工作总结，安排值班工作	办公室	

2. 填写工作日志的方法

（1）提前了解上司工作和活动的信息，并在上司和自己的工作日志上填入，并于当日一早再次确定和补充；要经常与上司的工作计划进行核对，保证自己的工作安排不会与上司的工作发生冲突。

（2）提前在自己的工作日志上清楚地标出自己当天应完成的工作；应该在每天下班之前，将第二天的工作计划准备好，它可以使你第二天一来上班就能进入工作状态，不浪费一分钟。

（3）输入和填写的信息要清楚，阅读方便。保持日志整洁，最好先用铅笔填写，再用钢笔正式标明确认。

（4）填入或填写的信息要完整，应标明各项活动的时间、地点、参加人员的姓名及联络方式等必要信息。

（5）输入或填写的信息要准确。情况出现变化时，应立即更新日志，并告诉上司出现的新变化。

（6）在上司日志变化的同时，应更改自己的日志，并做好变更后的有关工作。

（7）在自己日志上要清楚标出为公司有关活动需作的准备，并逐项予以落实。安排工作的时候，不要忘了那些例行工作，如文件归档。

（8）协助或提醒上司执行工作日志，在必要时帮助上司排除干扰。

3. 处理日志的变化和调整

（1）工作日志修正的依据

通常情况下，工作日志的修正主要依据有：① 上司另有安排，提出修正。②突发事件、重大事项的干扰，上级部门的安排。③相关人员、企业（单位）工作安排与本公司活动（或会议等）有冲突，而对方又是不可或缺的。④工作进程发生变化，原安排必须调整。

（2）处理日志的变化和调整

① 所安排的各项活动之间，要留有 10 ~ 15 分钟的间隔，以备活动时间的拖延或临时新添的内容及紧急的情况。

② 进行项目的时间调整变更，要遵循先重急后轻缓的原则，并及时将变更的情况报告上司。

③ 确定变更后，应立即做好有关善后工作。如通知有关客户变更的时间，协调内部会议室等。

④ 再次检查工作日志是否已将变更的信息记录下来，防止漏记。

七、提高办事效率和节约时间的小技巧

1. 养成良好的工作习惯

取得成功的人都有好的工作习惯，它能帮助人们提高工作效率。例如，将所有要做的事记下来；提前制定工作计划；集中精力只做一件事；保证每件事一次成功，绝不要有第二次的返工；每件事一经开始做，不要轻易放弃；在自己工作状态最好的时候做最复杂的工作，有的人在上午的时候工作效率最高，有的人则是在下午或晚上做事效率最高，总之要把握住自己的最佳工作时间；提前作好准备；保持工作环境整洁有序，防止因找不到自己要用的东西而浪费时间。

2. 善用时间

学会将性质相同或类似的事集中在一起做，尽量少做或不做那些无益的或回报低的工作，试着拒绝不属于自己的工作，经常主动了解你的服务对象的近期工作计划，为你可能要做的工作提前作好准备。

3. 改善工作条件，提高工作效率

科学的进步及社会的发展大大提升了秘书的办公手段，人们创造出了各种各样可

以提高工作效率的办公设备、办公软件及其他一些设施。秘书应该经常留心这方面的信息，在条件许可的情况下，及时地加以选用。

秘书还可以在日常的工作中总结、分析现有的工作流程是否有不合理的地方，什么地方可以进一步简化。及时去掉一些不必要的手续或环节，这样也可以提高工作效率，节省时间。同样，合理调整办公设备、办公家具及常用物品的存放位置，尽量做到取用方便，也能为秘书节省不少时间。

第三节　上司日程安排

案例

四川天一有限公司总经理工作十分繁忙，每天的日程都安排得满满的，表 2 - 7 是彭秘书为总经理安排的日程表。

表 2 - 7　　上司活动日程安排表

汪寇总经理 2012 年 10 月 26 日（星期五）日程安排

时间	内容	备注
8：00 8：30	公司高层会议	地点：总经理办公室
9：00 9：30	主持新产品新闻发布会	地点：本公司礼堂，所有部门经理参加
10：00 10：30	接待有合作意向的美国 B 公司高层代表团参观考察	地点：公司接待室，部门经理作陪
11：00 11：30	宴请 B 公司代表团	地点：金堂宾馆，公司派车，主要部门经理作陪
12：00 12：30	视察联营工厂	联营厂地点：经济开发区，部门经理同行，公司派车
13：00 13：30	出席华丰玻璃制造厂合作项目的剪彩仪式	地点：龙腾路八号，公司派车
14：00 14：30	出席员工婚礼	地点：悦华大酒店
15：00 15：30	约法律顾问谈话	地点：总经理办公室

案例分析

彭秘书的这个日程安排把总经理变得如同一个陀螺。从表 2 - 7 可以看出，总经理每1个小时就要主持或参加一项活动，可以说是在连轴转。如果领导每天的日程安排都如此，恐怕就是铁打的人也受不了。上述总经理的所有活动内容中，重要的是接待外商B公司代表团，应围绕着这个中心来安排上司的活动。早晨的公司高层会议是否必要？通常情况下高层会议是安排在星期一的。接待参观考察和宴请，这项活动不可更改，但中午的视察活动是大可不必的。半个小时的视察，来往赶路，且很可能中午的联营厂也是在午休，到时根本就没什么东西可看。总经理下午的活动偏松，三点半后就没事可干了。总体上来看，这个日程表的安排不尽合理，应进行调整。

一、安排上司活动的概述

1. 安排上司活动的含义

安排上司活动指秘书在事先了解公司工作事项内容的基础上，按轻重缓急顺序具体计划安排上司的工作进程以提高工作效率的辅助管理活动。

2. 上司活动安排的种类

上司活动的类型可分为两类。

（1）常规活动安排

常规活动安排就是把上司在某一时间段内的常规活动按时间顺序安排落实，以便管理和协调上司活动的时间，提高上司工作的效率。这类方案可按年（半年）、月、周、日进行具体安排。

① 年活动安排。把年内上司将要举行或亲自参加的重要活动按时间顺序安排落实，以便管理和协调上司活动的时间，提高上司工作的效率。这类方案可按年（半年）、月、周、日进行具体安排。

② 月活动安排。根据年度安排和当月工作的实际情况，将上司月内的主要活动做较为具体的安排，作为上司一个月内工作时间管理和协调的参考依据。月活动安排的参考性较大。

③ 周活动安排。根据月安排和当周工作的实际情况，将上司一周内的主要活动作详细安排，作为上司一周内工作时间管理和协调的参考依据。周活动安排有较大的实用性。

④ 日活动安排。日活动安排即平时所说的上司日程安排，是根据周安排和每天工作的实际情况，把上司一天内所有的活动按时间顺序排列，由秘书安排提示并督促执行。日活动安排一般以上司个人作为安排的具体对象，也是管理上司工作时间的常用方法，因而是秘书每天要做的一项工作。

（2）专项活动方案

专项活动方案即针对某项重要的上司活动专门拟写的策划方案，如出访方案、接待活动方案等。

二、安排上司活动的原则

1. 必要性原则

上司活动的必要性，是以履行职责为根据的。如果仪式类活动和应酬活动过多过滥，不仅分散上司的精力，影响正常工作，而且损害上司的形象。秘书作为上司的助手，有责任、有义务对上司的活动进行把关。对那些上司不必亲自参加的活动，在征得上司同意后，应予以挡驾，并向主办单位说明情况，以取得谅解。

2. 统筹性原则

上司活动牵涉面广，涉及人多，影响力大，秘书在安排上司活动时一定要统筹兼顾，具体要注意以下几点：

（1）全局性活动，应安排主要上司出面。

（2）业务活动，以分管上司为主，其他上司适当分担。

（3）社会活动多安排老同志、德高望重者参加。

（4）特别重大的活动，可安排党政一把手同时出席。

（5）外事活动，一般优先于内事活动安排。

（6）联系群众的活动安排优先于一般的应酬性活动。

（7）全局性活动安排优先于局部性活动。

3. 简化性原则

即使是上司必须参加的活动，也应当坚持简化性原则，不搞形式主义，以提高上司活动的效率。具体要求如下：

（1）不搞迎送仪式。

（2）轻车简从，不搞前呼后拥。

（3）简化上司活动的新闻报道。

4. 合理性原则

安排上司活动要科学合理，具体应注意以下几方面：

（1）围绕机关的中心工作合理安排上司活动。

（2）根据上司的工作风格和办公习惯合理安排上司活动。

（3）遵循劳逸结合的规律科学合理地安排上司活动。

三、安排上司活动的程序

1. 掌握情况，明确要求

安排上司活动首先要掌握上司工作的总体思路，上司每项活动的目的、任务、形式、涉及人员以及具体意图和要求，这样才能有针对性地安排好每一项活动。

2. 精心策划，拟订方案

在掌握情况、明确要求之后，秘书要为上司精心策划最佳活动方案。活动方案应当载明活动的内容、形式、参加人员、时间、地点、线路等，并报经上司审批确定。

3. 准备落实，搞好协调

（1）方案确定后，秘书要围绕方案的每个细节认真做好上司活动前的各项准备工作，包括准备文件、购置物品、通知联系、安排车辆等。

（2）对涉及多方面的重要活动还应当开会协调，向各有关单位交代任务、落实责任。

（3）如果是现场活动，秘书还应当亲自到现场进行查看，沿着上司活动的路线边走边查、计算时间，估计可能遇到的问题，制订应对的方案。

4. 现场服务，确保顺利

上司活动进行过程中，秘书要随时提供现场服务和随从服务，发现问题及时协调解决，保证上司活动顺利进行和圆满成功。

5. 总结经验，形成报告

上司活动结束后，秘书要总结上司活动安排的经验和教训，不断提高安排上司活动的水平；重大的活动安排还应形成书面总结报告，以便日后借鉴。

四、上司活动日程表的安排

1. 上司活动时间表的格式

（1）标题

标题要写明单位名称或上司姓名加上“活动安排”或“日程安排”，年度安排和月安排一般还要写明年份、月份。

（2）题注

周安排和日安排可在标题下写明针对的具体时间。

（3）正文

年安排和月安排既可采用日期式，也可制成表格，周安排和日安排多采用表格的形式。正文包括如下几项内容。

① 时间。按时间先后安排各项活动，具体要求如下：年安排应写明各项活动所有月份和大致日期。月安排应写明活动的具体日期。周安排应写明活动的具体日期及上、下午，最好写明具体时间。日安排应写明开始和结束时间。

②活动内容。写明活动的名称，没有名称的写事由，文字应简明扼要。

③活动形式。如写明座谈会、宴请、会谈、签字仪式等，也可和活动内容写在一起。

④地点。应写明具体的地点。

⑤参加人员。参加人数较少的可写姓名，人数较多的可写范围，如“各部门经理”。

⑥备注。写明其他需要注意的事项。

以上内容可根据具体情况确定详略，一般说来，年度和月度安排较为粗略，而周安排和日程安排则较为详细。上司的年度活动安排、周活动安排和日活动安排分别参见表 2-8、表 2-9 和表 2-10。

表 2-8　**上司年度活动安排表**

四川天一有限公司 2012 年度主要活动安排表

汪寇总经理 2012 年主要活动安排	
1 月 5 日 ~13 日	公司 2012 年度销售工作会议
1 月 24 日	2012 年度新产品发布会
2 月 4 日	西安欧亚公司来访，洽谈有关合作生产××××系列产品
……	
5 月 18 日	公司成立 11 周年庆典
7 月 11 日 ~25 日	赴陕西考察

表 2-9 **上司周活动安排表**

四川天一有限公司上司活动周安排表

(2012 年 11 月 12 日—2012 年 11 月 17 日)

时间	地点	内容	主持人	参加人员
星期一（11 月 12 日）上午 8：30	第一会议室	总经理办公会议	汪寇	正、副总经理，各部门经理
星期二（11 月 13 日）下午 2：00	第二会议室	××产品开发协调会	汪寇	销售部、计财部、科研部等各部经理
星期三（11 月 14 日）上午 9：00	第一会议室	与欧亚公司合作洽谈会	汪寇	（人员另行通知）
星期四（11 月 15 日）下午 3：00	多功能会议室	企业文化建设总结表彰会	汪寇	（人员另行通知）

表 2-10 **上司活动日程安排表**

四川天一有限公司上司活动日程安排表

(2012 年 11 月 19 日)

时间	内容与形式	地点	参加人员	备注
8：30~9：40	总经理办公会议	第一会议室	正、副总经理，各部门经理	钱秘书做记录
10：00~11：40	主持计财部人员招聘面试	第二会议室	××副总经理、人力资源部、计财部经理	由人力资源部具体安排
14：30~16：00	主持集团公司中层干部会动员和布置机关机构改革工作	集团公司大会议室	各部门经理	由办公室具体安排
16：30~18：00	审议联营厂××产品开发可行性的论证	第一会议室	销售公司、科研部、张总工程师	由办公室具体安排
18：30~20：00	出席 L 公司成立 20 周年庆典酒会	悦华酒店	陶秘书随同出席	

2. 专项活动方案的格式

专项活动方案一般包括以下几部分：

（1）标题

写明活动名称，加上“方案”、“预案”、“策划书”或“计划”（预案即预备性方案；内容与形式方面有所创新的上司活动可用策划书这一名称；计划是在任务、要求、时间进行度等方面较为详细具体的操作方案）。

（2）正文

正文一般可分为两部分：①开头部分写明安排这项活动的目的、意义、指导思想和原则。②主体部分写明活动的内容、形式、时间、地点、出席范围、活动的程序以及准备工作的各项要求。具体见表 2-11。③专项活动方案由秘书或由秘书会同有关部门起草后提交本级上司或上司办公会议审批，上司签批同意后，按批示件办理。

表2-11 上司专项活动安排表

四川天一有限公司上司专项活动安排表

四川天一有限公司许副总一行赴美国访问工作方案
为加强国际市场调研，开辟新的国际市场，扩大我集团××系列产品的对美出口，经美国××商会、××公司邀请，我集团许副总将于11月5日至12日带领×××、×××、×××共五人赴美国访问。 一、××系列产品目前在美国的销售情况及市场前景（略） 二、这次访问的目的和任务 1. 进行市场调研，研究扩大××系列产品出口美国的可能性及对策。 2. 积极联系客户，宣传××系列产品。 3. 在条件成熟的情况下，相机签订销售协议。 三、行程安排 11月6日抵纽约，住××酒店。 11月7日访问××公司总部，与对方副总举行会谈并参观该公司。 11月8日在××中心举行××系列新产品发布会。（略） 四、准备工作 1. 资料准备（包括宣传资料、产品介绍、订货合同等）。 2. 器材准备（包括笔记本电脑、手机、文具等）。 3. 经费落实（略）。 4. 接待准备。许副总一行在美期间的接待由美国××商会、××公司安排落实。 五、谈判中几个具体问题 1. 价格掌握（略）。 2. 付款条件（略）。 3. 计价结算的使用货币问题（略）。

五、上司日程安排的注意事项

上司日程安排不是一件简单的事情，其中也有许多技巧。时间既要安排得紧凑、严密，同时又要有一定的弹性。在安排日程的时候，必须注意下面几点：

1. 顺序的先后与时间的分配

掌握上司的工作脉络及其在公司内、外各组织的关联，经常考虑应该先做哪些工作并向上司请示报告。请示时要认真，不要只报告聚会或会见的开始时间而漏了所需时间。

2. 进行预约的方法

预约是以书面或口头（电话）方式来进行的。如果是通过对方秘书得到的预约，要请对方秘书向其上司报告和请示，且不要忘记确认是否接受。有的预约不是通过秘书而是通过上司直接决定的。这时，秘书也要马上与上司取得联系，以便进行必要的准备工作。

3. 合理地安排日程，时间上留有充分的余地

安排上司的工作日程，在时间上一定要留有余地。有许多秘书都犯过这样的错误：

为了争分夺秒，上司刚开完董事会，就安排他与A先生会谈等。其实，这样看似时间排得很紧，似乎人的潜力得到了最大限度的发挥，然而事实证明，这并不能提高工作效率。因为如果上司刚刚开完董事会，思想还不能一下子转过弯来，加之没有休息，比较疲劳，以这样的状态与A先生会谈，是不会取得最佳的效果的。而且如果董事会要延长时间的话，就会白白浪费A先生的时间。所以，在制定日程表的过程中，最大的困难就是时间的测算。董事会要开多久，与A先生的会谈需要几个小时等，这两项活动之间要留多少时间，以应付突然事件的发生等都要计划好。如果是公司内部的会议及其他活动，时间的测算也许要容易一点，与公司外部客人的会谈则不好说了。比如说签合同，如果事先知道对方会提出什么条件和要求，事情也许好办一点；如果事先不知道的话，还需要讨价还价，合同签下来到底需要多少时间，就更加难以预测了。因此秘书在安排日程表的时候，最好在每项工作原定的时间后，再加上10～15分钟的机动时间。

4. 内外兼顾

随着公司的发展和业务的壮大，上司会越来越多地与外界打交道，但作为一个上司，他必须内外兼顾。因此，在给上司安排工作日程表的时候，一定要留出专门的时间让领导来了解本公司的生产经营状况，及时处理内部事务中的各种矛盾和问题等公司内部业务，从而来把握本公司的发展。如从上午8点半就开始董事会，10点与A公司的B董事长会谈，下午1点半去拜访C公司的D经理等，上司一天到晚忙于这些活动，没有时间了解各科室的情况，对请示报告也不能及时批阅，对必须由他解决的矛盾也不能及时解决，则会影响本公司的发展。因此在给上司安排日程表的时候，一定要留出适当的时间，让上司来了解公司的基本情况。这样才能使上司的外部活动与处理内部事务共同服务于公司的发展。

5. 提高效率

上司要到几家公司拜访，是先到A公司还是先到B公司？是由A公司到C公司还是由B公司到C公司？对于这些问题，秘书要事先统筹考虑，找出最佳行车路线，减少路上耽误的时间。当然，如果C公司提前邀请，那么，在时间安排上要尽可能优先。

上司经常要乘车外出，因此秘书对乘车时间和交通状况要比较清楚。比如上班、下班时交通拥挤的情况，顺行和逆行的情况，周末和平时的情况等，对于这些情况要心中有数，才能比较准确地算出上司外出办事在路上所需要的时间。类似这样的要根据具体情况来安排具体事务的例子在实际生活中有很多，如果要做到成功地运用，就需要平时多加留意一些生活细节。

6. 适当保密

上司的工作日程安排，一般都是制成一览表的形式，因为它简单明了。日程表给上司本人一份，给秘书科长和其他综合负责人一份，再就是给有关科室和汽车司机复印几份。

不过，给业务科室和司机的日程表，内容不能太详细——比如上司某月某日出差，在前一天的上午与A商社的B常务理事会谈——只有秘书自己和上司本人手中的日程表才允许这么详细，因为日程表送得越多，泄密的可能性就越大。比如业务科室的人在与客人洽谈业务时，无意之中让对方看到了上司的详细日程表，后果就难以设想了，所以，给这部分人的日程表，只要与他们业务有关的部分详细一点就行了。

因此，在制定日程表时要使用一些表示特定工作内容的符号，但是，这些符号所代表内容在公司内部要统一，不仅负责制定日程表的秘书要明白，而且要让其他秘书也能看得懂。另外，日程表旁边最好还是留一定的空白，以便随时能用铅笔添加和删除。

7. 事先同意

在安排上司的日程时，无论是一般的工作还是重要的工作，都要事先征得上司本人的同意。因为上司在审核日程表的过程中，往往会根据自己的经验来考虑采取什么方法处理，是否要安排专门的时间，而这些也正是秘书所要掌握的。但是，也不能完全听任上司的主观意思去做，把计划丢在一边。如果是这样，秘书就有可能不知道下一步应该干什么，使日程表变成了一张废纸。

几乎所有的秘书都是这样的：在本月末安排下个月的工作；周末安排下一周的工作；在前一天下午或者当天早晨的第一件事就是安排当天各项工作的时间与具体步骤，并与有关各方面打好招呼，保证各项工作按计划顺利进行。

第四节　接打电话与处理邮件

案例

周小姐是四川天一有限公司许总的秘书。在她上午上班时，电话铃就响了。周小姐在铃响第二声时接起："您好！这里是天一有限公司，我是周秘书。"电话是上司打来的，让周小姐通知各部门主管下午3：00到会议室开会，会议主题是新产品发布的事项。周小姐在电话记录本上记录下时间、地点、内容。挂断电话后，周小姐把所有要通知的部门在便笺上列出，然后逐个打电话通知。通知销售部主管时，周小姐在电话里这样说的："陶主管，今天下午3：00在会议室有一个关于公司新产品发布事项的会议，会议由总经理主持，希望您到时参加。"得到肯定答复后，周小姐等对方挂断电话后再挂断电话。

案例分析

接打电话是秘书日常工作中的常见内容，秘书在接打电话时，如何才能给对方留下良好的印象？如何才能礼貌而高效地完成工作目标？为了做到这些，我们有必要掌握工作中接打电话的方法。

一、接听电话的技巧

1. 接听电话必须及时

"响铃不过三"，即铃响三声之内拿起话筒。秘书在电话铃响后，应迅速接听。铃声响了三次以上才拿起话筒是缺乏效率的表现，势必给来电者留下不好的第一印象，也可能会使你的公司失去一些机会。如果确实有事耽搁了，拿起电话后要向来电者真诚地表示歉意："对不起，让您久等了。"一般电话应放在桌子的左手边，这样当电话铃声响起后，迅速地用左手拿起电话，同时右手马上拿起一直准备着的电话记录本和笔，作好记录准备。电话记录本和笔应该是专用的，并且放在触手可及的地方。有时秘书需要离开办公室，在电话无人值守的情况下，秘书最好给电话配备自动应答器，要求对方留言。

2. 先行问候

拿起电话后，要先行自报家门，一般可以说："您好，这里是某某公司某某部。"声音应清晰、亲切，语速要适中，这样不仅是礼貌的表示，也是为了让对方验证一下，是否拨错电话。询问时应注意选择适当的时候，根据对方的反应再委婉询问。一定不能用很生硬的口气说"他不在"、"打错了"、"没这人"、"不知道"等语言。电话用语应文明、礼貌，态度应热情、谦和、诚恳，语调应平和、音量要适中。

3. 做好电话记录

工作电话往往会涉及一些重要的事情，秘书不能掉以轻心，不能完全相信或依赖你的记忆力，因为忙起来的时候，你很可能会暂时忘记了电话里说过的事，或无法确定电话中对方告诉你的一些重要的时间、地点、数字、名称等细节。这样不仅可能影响秘书自己的工作，有时还会造成十分严重的后果。为避免这种情况出现，一个好办法就是进行电话记录。

记录的内容应包括所有需要的细节，不能仅仅记下对方所告诉你的情况。为了对整个事情有清楚的了解，方便过后的办理或转达，还应该主动了解或询问所有有关的细节，并记录下来。在这里我们不妨借用一下西方的5W和2H的要素方法来使自己的记录尽量齐全：What，即电话涉及什么事，需要什么；When，指电话中提到的事情是什么时间；Where，即电话中的事情需到哪儿去或在哪儿发生；Who，即涉及的人或单位名称；Why，指电话中提及的事情的原因；How，指怎样完成或处置；How much，指需要花费的时间或费用、要使用的物品或设备。

记录完毕之后，为了确保信息的准确，应该再次向对方重复核对，这一点也是非常必要的。电话记录表如表2-12所示。

表2-12 电话记录表

来电日期	来电时间	来电人	单位	来电电话	来电内容	备注

4. 正确处理电话的临时中断

在通话过程中，有时会因为临时的意外或故障而中断对话，也可能另外有些突然发生的事会迫使秘书暂时中断电话（这是应该尽量避免的），也有可能需要临时去寻找谈话中所涉及的一些文件、资料、数据或找其他的同事询问一些情况。这时，秘书就需向对方解释并道歉。在要求对方稍等时，必须能够保证在很短的时间如1分钟内返回电话机旁；如果不能，则应该征求对方的意见，或建议先挂断电话。在暂时中断电话时，秘书还应有保密意识，学会使用“闭音”功能，尽量避免将办公室内同事正在进行的谈话传入话机。

5. 涉及上司的工作进入日志

来电中涉及上司的工作，如上司参加的会议时间、地点的变动，需上司审批的某重要文件的最后期限通知，都应写进上司的工作日志，提醒上司查看。

二、拨打电话的技巧

秘书除了每天要接听许多电话以外，还经常需要为各种事情打出电话，进行各种联络。在拨打电话时，注意有关的方式方法将有助于提高电话工作的效率和质量。

1. 尽量选择合适的时间打电话

秘书在拨打电话时，应尽量考虑选择合适的时间，不要使对方感觉不方便。开始上班的40～60分钟里，特别是周一，往往是最忙的时候，人们一般不太愿意被电话打扰。如果秘书要打的电话是非常重要或紧急的，则应选择对方办公室人最多和最齐的时候。拨打国际电话时，秘书还应特别注意时差。因为有可能你的上班时间，却是别人的睡眠时间。

2. 打电话前的准备工作

秘书应该养成打电话前先作一些准备的好习惯，事先作好准备对于提高打电话的效率和质量特别有帮助。需要准备的内容主要包括：准确的电话号码，接听对方的姓名、职务或身份，电话中要用到的文件、资料或数据。如果电话的内容比较复杂，要事先在记事本上逐一列出电话中将要谈的事项。秘书还可以利用电话机的各种功能提高拨号速度。

3. 准确拨号，耐心等待

拨叫电话时要有一定的耐心。要考虑到对方接电话的人可能恰巧不在电话机旁边，要将对方在听到铃声后从其他地方走过来所需要的时间考虑进去；秘书在听到占线的忙音之后，应暂时挂断电话，过一段时间后可以按“重拨”键重新拨叫。

4. 及时自我通报

在对方接听电话向你通报问好后，秘书也应该及时向对方通报自己，让对方了解自己的姓名及目的，如：“你好，我是天一有限公司的小贺，请问毛先生在吗?”如果秘书拨打的是国际或国内长途电话，考虑到较高的通话费，要及时向对方声明这是长途电话，以便于对方与你配合。

5. 要求对方做好电话记录

有的电话会涉及重要事情或详细的时间、地点、名称及数据等，为了不致发生错误和方便对方办理、转达，秘书应要求对方做好电话记录，并就记录内容进行重复和核对。

6. 替上司拨叫电话

有时上司在比较忙的时候，会要求秘书先替他拨通某个电话，然后他再来和对方讲话。在这时秘书要注意：在拨打电话之前，秘书必须能够肯定在这段时间内你的上司就在附近，不会走开。如果对方与上司比较熟悉，秘书可以在拨通对方电话后及时进行通报，如："您好，我是天一有限公司的秘书，许行先生想和王宏先生通话。"然后将电话听筒交给上司。

7. 拨错了号要道歉，绝不可一挂了之

道歉的态度要诚恳，话不必多，如可以说："对不起，我可能拨错号了。"不可盘问对方为什么不是自己要找的人。可以询问一下对方的号码，看是不是与自己所拨的号码相同，以免再次拨错。同时，别忘了要道声"再见"。

8. 如果通话临时中断或受到干扰，应主动回电话

如果打电话时电话因故障临时中断，作为打出的一方，应主动再将电话打过去，并向对方解释和道歉。在打电话时，室内如果已经有人或通话时有人闯入而没有退出室外，秘书可先对话筒说声"对不起"，然后礼貌而坚定地对进来的人说："我待会儿再去找您。"示意其退出。

9. 运用语言技巧，及时结束冗长的难对付的谈话

对于一些啰唆冗长的电话，秘书要学会及时摆脱。比如，可以告诉对方："我现在来了一位客人，能不能待会儿给您回电话?"再比如说："谢谢您多次来电话，只是我们已经选定了办公用品的供应商。"有的人讲话听不清楚或很难懂，应在通话伊始就向其说明。有的人喜欢在电话里大发脾气，你可以适当地让对方发泄心中的怒气，但回话时的语调要安详、沉稳。

三、几种类型电话的处理

1. 接听重要电话

重要电话一般指来自上级的电话，或来自公众内容特别重要的电话，接听此类电话时，要做好详细、准确的记录，并要立即向领导汇报，按照领导的指示进行处理。

2. 接听咨询电话

接听此类咨询业务或其他事项的电话时，应该用简洁、准确、通俗、热情的语言回答对方，使对方能掌握要点，必要时还可把电话转给有关部门或专家，请他们来代为回答。

3. 接听投诉电话

接听此类电话时，应首先耐心倾听对方的诉说，边听边准确地做好记录，然后立即向对方诚恳地赔礼道歉。如能当时答复对方，一定要给对方圆满的答复；如不能当时答复，应向对方说明情况，并请他留下联系方式，然后立即向领导汇报，按领导的指示处理解决后，应及时把处理的结果回复给投诉者。

4. 接听纠缠电话

接听此类电话时，应大度有礼、不怒不躁。如遇对方东拉西扯、唠叨不停，应礼貌地把问题引上正题；如遇对方五次三番来电话纠缠，应有原则有礼貌地回绝，不留任何余地。

5. 接听找人电话

如果是找同事的电话，应立即为其转接，如同事不在，应向对方说明，并询问是

否需要留言或另约定时间。

如果是找领导的电话，首先要摸清对方的身份，了解其来电的用意，然后再根据情况来处理。如遇领导不想接听的电话，则应找个合适的理由为领导解围；如领导当时正忙而没时间接听，则应向对方说明情况，请其留言或另约定时间；如领导不在，则应向对方说明，请其留言或另约定时间，还可询问对方是否可以与领导的代理人或其他部门的负责人通话来解决问题。

小资料

秘书在日常工作中的一项重要工作是收发处理公司的邮件。周小姐是四川天一有限公司许总的秘书。总经理的邮件都由周小姐收发。星期一的上午，值班办公室的小李送来一份星期六收到的文件。周小姐检查确认是总经理的文件后，在邮件记录簿上签字。随后，周小姐用剪刀小心将邮件启封，来文是合作单位要求到本公司来参观考察的函。周小姐对信件登记后，交上司审阅。

秘书在处理公司邮件时，应如何做才能有效地提高上司处理邮件的工作效率？如何才能保证大量进出邮件的规范操作？

四、邮件寄发程序

邮件的寄发程序是指在各种邮件拟写完毕后，至装入信封交寄之前所要经历的一系列工作环节。发送邮件的工作程序有：

1. 做好邮件的准备和核对工作

信函起草完毕后，秘书应该按照正确的格式进行打印，并保证字句、用词及标点的正确使用，同时核对附件等是否已装好。尽量保持信件的整洁、清楚，防止疏漏，确保附件的准确、齐全。

2. 提请上司签发邮件

秘书发出的邮件必须经过上司签字之后才能生效。秘书要做的工作是将需要上司签发的信函准备好后，在恰当的时机送上司签字。除紧急的信件必须立即请上司签字之外，一般的信件可以集中在一起，找一个方便的时间统一请上司签字。秘书要注意将需要上司签字的信件和需要他阅知的信件分开。有时由于上司外出会授权别人代签信件，这时秘书应该及时将信函送交被授权人签字，并注意签名处是否有代签的标记。公司发出的重要邮件应该备份存档。

3. 邮件的装封与折叠

邮件装封之前，秘书应该注意将信纸上的小夹子或其他装订用具取下，信纸的折叠应该根据信封和信纸的规格而定。

不折叠：一般来说，重要的文件或纸张较多的信件可以不折叠，直接装入大信封中。

二折法：纸张对折，将底边折到距顶边 0.5 厘米处。

三折法：先将底边上折约 1/3，再从下往上折到距顶边 0.5 厘米处。

四折法：先将信纸叠成二折法，再将纸的左边向右折叠至距右纸边 0.5 厘米处。

4. 查对收信人的相关信息

邮件装封时，要对所发邮件进行查对，检查信封上的收信人姓名、地址与信笺上的收信人姓名、地址是否一致。

5. 将邮件分类

邮件要按各类信件、包裹等分类，快件应立即处理，大宗的信件可以捆扎。

6. 做好登记

对重要邮件在发送前先要在登记册上登记。

7. 了解邮政方面的规章制度和寄发时间，选择适当的邮寄方式

秘书应该根据信件内容的重要性及时效性选择妥当的传递方式，既保证信件可以在需要的时间内安全投递至收信人手中，又要控制邮资开支。秘书应能恰当地选择使用哪种服务，如平常信函、挂号信函、保价信函、航空信函、特快专递等。

五、邮件接收程序

邮件接收程序是指对通过各种渠道投送至公司的邮件进行处理的一套行之有效的程序。很多公务邮件要由公司领导来处理，为了提高领导处理邮件的工作效率，在大多数情况下，秘书在收到公务邮件后，应该在职权范围内替上司进行先期处理，如拆阅、标注、提供相关材料、拟写回函等，然后再交上司处理。

1. 签收

对所收邮件的件数要认真清点，检查实收件数与投递清单上的件数是否相符。清点后，要检查文件信封上或封套上所注明的收文单位、部门、姓名是否都对，如有误投，应立即退回。还需检查包装和封口是否损坏。文件经清点检查无误后，收件人要在投件人的“投递回执单”或“送文簿”上签字，并注明收到的时间。

2. 拆封

启封时，注意保持原封的完好，特别注意封内文件不能损坏。必要时，应把原封订在文件后面，一并处理，以便日后查阅。如果随邮件寄有票证等其他物品，要认真清点，妥善封装保管。未经授权，秘书不能对私人信函及保密信函进行启封。如果出现误拆情况，应及时向收信人道歉并说明，以免在公司内引起更多的猜疑；如果不方便直接见到收信人，秘书可以在信封外另加一个公司信封，并在上面注明“请勿误拆”字样。

3. 登记

登记是邮件处理中的重要环节之一。登记时，要按邮件登记簿中所列内容逐项登记，如来函单位、缓急程度、密级、份数、日期等。

4. 分类

对信件（文件）可按重要或紧急程度作如下分类：

（1）重要和紧急信函：航空信函、电报、传真、E－mail、挂号信、保价信函、特快专递、电报、传真、E－mail 往往最能体现邮件的时间要求。其中挂号信、保价信则更体现邮件的重要性，而特快专递既可以体现时限要求，也可以体现邮件的重要性，这类邮件应该优先得到处理。

（2）一般信函：用于寄送一般事务的邮件，邮局收寄时不提供收据。这类信函不对时间及重要程度作额外的强调，一般可以在处理完紧急邮件后再处理。

（3）报刊、广告品：由于它们上面所载明的信息对公司业务可能不是很直接，所以相对来说，对它们的处理时限可以更加宽泛一些。

（4）私人信函：包括寄给上司的私人信函及公司里其他人的私人信函。私人信函一般标有“亲启”、“私人”等字样。

5. 及时处理邮件

通过邮局递送的邮件有很大一部分都是在每天大致固定的时间送达，当中很多包含有重要的、紧急的信息。秘书除非手头有更为重要的工作，一般都应暂时停下手中的工作，及时对邮件进行处理。而一些快递邮件、电子邮件、传真则不受时间的限制，所以秘书还应养成一种习惯，即一上班即打开电脑接收邮件，并到传真机前检查是否有传真件。同样，下班之前要保证传真机中有充足的纸。

6. 将与自己有关的工作记录下来

在处理信函时，秘书应该随时将信函中所涉及的与自己有关的工作记录下来，以便过后及时处理。

7. 呈送邮件

在将邮件有关的人员处理前，秘书应将自己初步处理好的信件分成以下几类：

（1）需要上司本人阅读、批示的信件：这类信件应该按照紧急程度加以排列，需要最先处理的放在最上面。

（2）需要由其他部门答复的信件：对这类信件的处理，秘书应该请示上司，而不能擅自将之交给具体的承办人。

（3）可以由秘书本人回复的信件：在日常工作中，上司可能会授权秘书处理一些日常信件。这时秘书可以自己先拟出回函，然后将之与来信一起呈送上司签发。

六、上司外出时秘书处理邮件的方法

（1）如果上司习惯于每天给办公室打电话，就应该把内部信件和外来的信件分开，同时把每封邮件的内容大致记录，这样就可以随时向上司汇报。

（2）如果上司没有每天给办公室打电话的习惯，应该主动打电话把需要上司亲自处理的邮件告诉他，或者传真一份给他。如果上司离开时间较长，应把所有邮件，无论是私人邮件还是商业邮件，都通知给他。在给上司的通知中应清楚地说出邮件的主题。

（3）经得上司的同意后，将重要邮件寄给上司。寄给上司的邮包连续编号（如4－1、4－2、4－3、4－4），这样就会知道所寄的邮件上司是否全部收到了。如果上司外出不止一地，在邮包上编号就显得尤为重要了。

（4）如果上司正在度假，并且不让秘书转交邮件时，可以把需要上司亲自处理的邮件先保存下来，并在对发件人回复的信中告诉对方何时可以得到回复，把积压的邮件分别装入纸袋，标上“需要签字的邮件”、“需要某某处理的邮件”、“需要阅读的邮件”、“报告”和“一般阅读材料”（上司可能想读的各种各样的广告出版物）。

（5）经得上司的同意把邮件交给公司其他人处理。当上司在外出差时间较长时，经得上司的同意，可以将邮件交由上司授权的人来处理。

第五节 印信管理与保密工作

案例

四川天一有限公司副总许行由于必须前往澳洲考察服饰毛料市场，于是决定将2012年11月1日这天与西安欧亚有限公司的业务合同签订委托给秘书小周。按照与对方单位的约定，许总必须在2012年11月1日这天携带公章与司机小王前往西安欧亚有限公司会议室签订合同。许总临出发之前将公章交与秘书小周，并且再三强调不能随便交与“第二人”保管。

11月1日，周秘书与司机小王如约到了西安欧亚有限公司。欧亚有限公司的林爽秘书热情地迎接了周秘书与司机小王，还非常热情地想接过小周的公文包和一堆文件。小周非常礼貌地拒绝了，并且感谢林爽的热情接待。

会议室签订合同的过程愉快而顺利，小周代表许总签下了之前与对方谈好的秋冬两季劳保服、西服以及领带、领结的三份订做合同，各一式四份，然后小心地盖上公司的印章。对方单位对小周认真、严谨的工作态度非常赞赏。

许总回到公司后，小周将公章完好交还总经理并将合同交与总经理过目，总经理对小周露出满意的微笑，夸其印章管理非常到位，工作非常出色。

案例分析

此案例中的周秘书是否达到了许总的要求？是否做好了印章管理工作？

此案例中的周秘书达到了上司的要求，做好了印章管理工作，做到了“章不离身”，顺利地完成合同签订，保证了公司的利益，并给合作单位留下了良好的印象。

一、印信管理

1. 印章管理

（1）印章的概念

印章是“印”和“章”的合称，又称图章，古代则叫“印信”。在金属、石、木、塑胶等材料上刻上文字或图形，再盖用在文书材料上，作为组织或个人的凭信。

（2）印章的种类

印章按其性质、作用、质量可分为正式印章、专用印章、套印章、钢印、手章、名章、戳记七大类。

正式印章：正式印章是按照国家规定由上级领导机构正式颁发给所属领导机构使用的代表一定职责、权力的印信凭证。

专用印章：专用印章是各级各类领导机构为履行某一项专门职责，经过一定批准手续，颁发给所属某一专门机构使用的印章。这种印章不代表整个领导机构，只代表领导机构某项专门业务内容和权力。它包括财务专用章、合同专用章、业务专用章等。

套印章：套印章是根据需要，按照正式印章或专用印章的原样复制而成、专供印刷用的模印。它主要用于印刷需加盖印章的文件、颁发的通知、布告以及经缩微后在各种凭证的印刷品上使用，它用制版印刷的方式代替手工盖印，适用于大宗公文凭证用印。

钢印：钢印是用钢材制作的印章，它用于加盖各种证件。既有相同于正式印章的钢印，又有相当于专用印章的钢印。加盖钢印就是使用加压设备，采用模压方法加盖无色印章，只显出印章凸出的字样、式样和图样，而不显出图样、字样的颜色。一般加盖在证件与照片的交接处。

手章：手章是指刻有某人姓名的图章，各级领导机构的领导的个人手章代表行使法定职能的领导的个人印信。例如，在各级机构使用的支票上，除要盖有专用印章外，还需要盖有主管领导的手章。

名章：名章属于私人印章，使用名章可以代替手写姓名，加盖个人名章可作为个人对某事负责的凭信。

戳记：戳记是刻有一定字样的，带有标识性质的印章。这种印章字迹醒目，常盖在显要的位置上，起着提示的作用。例如，财务单据上盖的“现金收讫”，文书处理中所盖的“急”、“特急”等。

（3）印章的使用

印章一般由秘书部门统一管理，由专人具体负责使用。用印是件很细致的工作，监印人一定要认真负责，一丝不苟。用印时，必须检查需要盖章的文件、印信有无相应的领导人签发；要检查文件的格式是否合适，文字是否通顺，有无错漏字等。检查完毕，才能在文件上机关、单位署名和年、月、日的中间加盖印章。盖章时要讲究质量，印油要均匀，颜色要正红，位置要适宜，用力要适度，盖名压月，防止模糊不清，使盖出的印章清晰、端正、庄重。如果马马虎虎、粗枝大叶，盖出的印章歪歪斜斜、模模糊糊，就显得很不严肃。

（4）印章的保管

掌管印章是秘书或秘书部门的一项重要的日常工作。秘书部门掌管和使用的印章主要有单位的公章、部门印章、业务专用章和上司处理公务的签名章（即负责人印章）四种，在管理和使用时应严格遵照国务院1993年颁发的《关于国家行政机关和企业、事业单位印章的规定》有关要求，并注意以下几点：

① 印章的保管人员和放置的地方

印章必须由单位的领导指派专人负责保管和使用，通常情况下由单位秘书人员保管，严禁擅自使用或外借。印章一般放在企业的机要室或办公室，并存柜加锁。经管人员不得将锁存印章的钥匙委托他人代管，也不得将钥匙插入锁孔后离去，以免印鉴被盗，造成严重的损失。

② 保管印章注意事项

· 建立印章保管登记册或登记卡，如表2-13所示，载明印章名、印文、印模和保管人姓名。

表 2－13　　　　　　　　**印章登记卡**

登记日期：	登记号码：	名称：
印模	种类：	形状：
	用途：	
	制成日期：　　年　月　日	印章材质：
管理人： 责任人：	废止日期：　　年　月　日	废止理由
	备注：	

·明确印章保管人责任，保证印章的正常使用和绝对安全，防止印章被滥用或盗用。

·按保密要求，印章管理人不得委托他人代取代用。

·保管印章要牢固加锁，防止被盗。用完印章后要随手锁好，不能图省事而将印章随意放置在办公桌上或敞开保管柜。对于印章被盗用而产生的后果，保管人员负有法律上的责任。

·一旦发现保管的印章有异常情况或丢失，应该保护现场、报告领导、查明情况、及时处理，必要时，应该报告公安机关协助查找或报告公安机关备案，并以登报或信函等形式通知有关单位，声明遗失或作废。

2. 介绍信管理

介绍信是一种使用相当广泛的身份证明。一个单位的人员要出差办事，需有说明任务、证明身份的介绍信。介绍信的形式一般有两种：一种是秘书部门掌管的工作介绍信，按照统一格式印制，使用比较简单。有制发单位名称、使用人姓名、职务、事由、时间、有效期、用印等，只要填写即可。另一种是用公用信笺书写的介绍信，这是为请求或希望或证明某种情况而使用的。这类介绍信书写时要求叙事清楚、语气和缓。使用介绍信时，应严格掌握制度，当开则开，不开空白介绍信。介绍信的使用要严格管理，开出介绍信、转介绍信以及进入特区介绍信，都要履行一定的手续。

（1）开具介绍信的手续

需要单位介绍信者，应填写单位介绍信签批单，经主管领导批准后，秘书根据此单填写介绍信，盖章后发给需用人。履行签批手续，一可防止个人乱用介绍信，二可使机关、单位领导掌握情况。

（2）介绍信本的管理

对机关、单位介绍信的管理，应建立一种严密的有据可查的方法。大机关、大单位的介绍信要分给几个部门管理使用，秘书部门在给职能部门分发空白介绍信本时，必须严格履行登记签收手续。

（3）使用介绍信须知

负责管理介绍信的秘书应严格执行使用介绍信签批手续，否则，出现问题无处查找。严禁发出空白信。介绍信存根应妥善保管，按保密要求归档。保管期为 5 年。因情况变化，介绍信领用人没有使用介绍信，应退还，未及时退还的，秘书要去收回，收回后，将它贴在原存根处，并写明情况，以免丢失。如若发现介绍信丢失，领用人应立即向机关、单位反映，及时采取相应措施。秘书在接待外单位介绍来人时，应认真查对来人姓名、商办事项和介绍信所开列的是否相符。一项工作需要多次联系的，未结束前，其介绍信可继续使用。结束后，秘书一定要将来人的介绍信收下备查。对前来借物、借款以及商洽较重大事件的人员，当事情已经办妥，在留下介绍信时，秘书要该人员在介绍信反面签注办理情况，如经借到有关资料几件，以便日后查对。

（4）使用介绍信注意事项

① 使用介绍信者的合法身份与事由要严格审核。用信人的姓名、身份、人数、事由要一一写清楚，防止冒用和伪造。

② 单位名称要用全称或规范化的简称。签署、用印、时间等要写明。

③ 介绍信要有编号和骑缝章。存根和发出的信要一致。

二、保密工作

1. 保密工作的含义

（1）秘密：在一定的时间内只限一定范围的人员知悉的事项。

（2）保密：将秘密控制在一定时间和范围内。

（3）保密工作：特定组织及其成员为达到保守组织秘密的目的所采取的一切手段和措施。

2. 保密工作的内容

保密工作包括：制定保密法律、法规以及组织内部相应的保密规章；建立保密机构；开展保密宣传教育；研制开发和应用保密技术；进行保密检查督促；查处泄密事件；开展保密理论研究等。

3. 秘密的种类

（1）按秘密的性质分类

按秘密的性质可分为国家秘密、商业秘密和组织内部秘密。

① 国家秘密。国家秘密是关系到国家的安全和利益，依照法定程序确定，在一定时间内只限一定范围的人知悉的事项。这类秘密关乎国家的政治安全、经济安全、信息安全，必须严格保守。

② 商业秘密。商业秘密是指不为公众所知悉、能为权利人带来经济利益、具有实用性并经权利人采取保密措施的技术信息和经营信息。商业秘密受《中华人民共和国反不正当竞争法》保护。有些商业秘密同时也是国家秘密。

③ 组织内部秘密。组织内部秘密是指特定组织内部在一定时间内只限一定范围的人知悉，不对外公开的事项。如正在酝酿而尚未确定的干部任免事项、招聘信息、调薪方案、领导人之间的意见分歧等。

（2）按秘密等级分类

秘密按等级可分为绝密级、机密级、秘密级和内部级。

① 绝密级。国家核心秘密，一旦泄露会给国家的安全和利益造成特别严重的损害。

② 机密级。国家的重要秘密，一旦泄露会给国家的安全和利益造成严重损害。

③ 秘密级。国家的一般秘密，一旦泄露会给国家的安全和利益造成一定损害。

④ 内部级。包括商业秘密和组织内部秘密，密级和保密期限由特定组织自行确定。

4. 保密工作的要求

（1）保密工作原则

① 积极防范

积极防范是适应保密工作的事先管理和事后管理二者关系的要求。它是指保密工作要把立足点放在预防上，以预防为主，防患于未然。它要求在保密工作中要把事先防范措施抓紧、抓严、抓落实，以减少窃秘、泄密给国家安全和利益造成的损害。这里的事先与事后是指窃秘、泄密事件发生之前和发生之后。在实际工作中，应当以事先为主，即防范工作做到前面。

② 突出重点

突出重点是指在全面贯彻落实《中华人民共和国保守国家秘密法》的基础上，要把核心机密、首脑机关秘密以及秘密集中的地区、部门、人员等作为工作的重点，在确定密级、部位和人员等保密工作中应当区别情况，加强防范，确保最重要的国家秘密和掌握较多国家秘密的单位、人员不出问题，保密工作才能卓有成效。

③ 有保有放

保密工作的有保有放，即要处理好保密与交流的关系。保密本身不是目的，保密的目的是为了更好地开展各项工作，维护国家的安全和利益。因此，在积极防范过程中，必须把确保国家秘密和便利工作有机统一起来，既采取必要保密措施，防止国家秘密非法泄露，又允许有关部门和人员根据业务工作需要，依法接触、使用国家秘密，发挥国家秘密应有的效益和作用。在实际工作中，既要反对借口保密，封锁信息，妨碍正常业务工作开展的做法，又要反对不顾国家安全和利益，片面强调便利工作的做法。该保密的一定要保住、保好；该解密的一定要及时解密，及时交流。

④ 内外有别

保密工作的内外有别，即对于涉密与非涉密人员要分清，对于是否涉外要分清，对于组织内外要分清，对于上下级要分清，干部与群众有别，处理好保密工作与联系群众的关系。

（2）保密工作要求

① 牢固树立保密意识

要通过学习各种形式的保密教育活动，如知识竞赛、专题讲座、参观失泄密案例展览等，使秘书人员树立起保密就是保安全、保发展的观念，不断提高做好保密工作的自觉性与责任心。

② 明确保密职责

保守国家秘密、组织秘密是秘书的基本政治素质和职业道德。秘书人员要明确职责，坚持保密工作原则，严守保密纪律，正确划分保密界限和范围，杜绝一切泄密事件的发生。

③ 制定和完善保密制度

健全的保密制度是做好保密工作的根本保证。各级组织要根据保密法规，依法进行保密管理，要结合本系统、本行业的特点，制定切实可行的保密制度，使保密工作有章可循。秘书部门要着重抓好制度的落实，督促保密工作的有效开展。

④ 讲究保密艺术

秘书人员不仅要遵守保密纪律，坚持原则，而且还要掌握保密工作方法，运用保密艺术，如以礼相拒、佯装不知、判断用意等。

⑤ 加强保密技术防范

为使保密工作适应形势的发展，确保组织的秘密的安全，应在财力允许的情况下，尽可能采取先进的保密技术设备，用现代化手段防止失泄密事件的发生。

第六节　办公室零用现金的管理与商务费用报销

案例

周小姐是四川天一有限公司总经理的秘书。总经理要去北京开会，让周秘书给他安排一下行程和申报商务费用。周秘书填写了详细的申请报销的商务费用项目，经总经理审核后，交给财务部，财务部作出同意申报的决定。周秘书电话订购了飞往北京的机票，下午打的前往领票。周秘书把打的费用直接在办公室零用现金中报销，飞机票费用在商务费用中报销。总经理开会回来，周秘书把总经理在北京发生的，且事先经财务部同意的事项的凭证整理好，附在出差报销单后面，交财务部领取支票或现金。

一、管理零用现金

1. 零用现金的设立

由于用支票来支付小额费用难以实行，一些企业办公室中常设立一笔零用现金，或称做备用金，以支付本市交通费、邮资、接待用的茶点费、停车费和添置少量的办公用品。它通常是由企业领导和财务负责人批准后由秘书保管和支出的现金，也是一笔周转使用的现金。它的数额根据企业的规模和平时小额支出的次数多少来确定，秘书取得现金后，应将现金锁在保险箱内，并负起保管和支付备用的责任。

2. 零用现金的管理程序

（1）秘书必须建立一本零用现金账簿，清楚注明收到现金的日期、收据编号、金额。支出现金的日期、用途。零用现金凭单编号、金额、余额等。有的还应该在账目上进行分析，了解花销的情况和去向。

（2）内部工作人员需要使用和领取零用现金时，应填写零用现金凭单（见表 2－14），提交花销的项目和用途、日期、金额。

表 2－14　　　　零用现金凭单　　　　编号

项目和用途		金额	
申请人签名		日期	
审批人签名		日期	
账页编号支付		日期	

（3）秘书要认真核对零用现金凭单，经授权人审批签字后，方可将现金支付给需用者。

（4）秘书要认真核对领取者提交的发票等证据上的用途、内容、金额是否与零用现金凭单上填写的完全一致，然后将发票等证据附在零用现金凭证单后面。

（5）每当支出一笔现金，秘书均须及时在零用现金账簿上记录。

（6）当支出大的费用到一定数额后或月末，秘书再到财务部门报销并将现金返还到零用现金箱中进行周转。

3. 注意事项

（1）秘书应该具有良好的职业道德操守和良好的思想道德素质。在管理办公室的零用现金时，不应该自己或者协助他人建立办公室的“小金库”，而是应该严格遵守办公程序和财务制度，依照国家法律以及相应的财会管理制度进行现金管理。

（2）秘书保管备用金，应把办公室的开支记录下来，以便了解办公开支的情况，也可以作为资料存查。秘书应该养成良好的随手记录的习惯，以免因为忘记了某一些开支而导致现金出现缺口，造成不必要的损失。

（3）秘书在管理办公室零用现金的过程中，应该严格按照规章制度办事。在向有需要的申请者支付零用现金、用手中的零用现金报销一些开支的时候，应该严格按照相应的程序，做到该有的文件和单据完整齐全，再给予支付或者报销。而绝对不能够由于个人关系比较亲近而省去相应的手续，这样的行为于自己于别人于公司都是没有益处的，应当极力避免。

（4）现金管理涉及公司的部分收支问题，应该制定严格的制度来加以保证。所制定的制度应该是按照国家颁布的有关现金管理的规章制度和管理方法，结合公司的实际情况来加以制定，以更好地贯彻落实。

二、商务费用报销

1. 商务费用报销的内容

有些公务费用，例如上司到外地出差的差旅开支不能从零用现金中支付，而需要直接到财务部门申请费用和报销结算。我们把这种要事先申请，事后报销结算的商务活动中发生的费用称为商务费用。商务费用主要包括：出差所需的各种费用、会议需用的各种费用、庆典需用的各种费用等。

2. 商务费用报销的程序

商务费用的报销主要注意的是，发生前要申请，发生后要凭单据报销。通常情况下报销的工作步骤主要是：

（1）申请人在商务活动发生前，提交费用申请报告或填写费用申请表，表格中详细说明需要经费的人员、时间、用途、金额等情况，并亲自签字。公司根据自身情况决定使用报告形式还是使用表格形式。按照常规，报告形式可以充分说明该次活动的具体情况，但是不够清晰、规范；表格形式比较规范，但是涵盖面可能不足。

（2）该报告或该表必须经过组织确定的授权人审核同意，并签字批准。

（3）费用的发生可能存在两种情况：一种情况是将获得批准的费用申请报告或费用申请表提交财务部门，领取支票或现金借款，再进行商务工作；一种情况是先由申请人垫付，完成商务工作，之后再携带单据申报领取支票或现金。

（4）在进行商务工作中，无论是使用支票，还是使用现金，都要向对方获取相应的发票，发票内容中填写的时间、项目、费用等应与使用者实际用途相符。

（5）商务工作结束后，申请者应将发票附在“出差报销单”后面，并亲自签字提交出纳部门，由出纳部门把先前领取的现金数额和支出情况进行结算。如果是先由申请人垫付的，在提交票据和“报销凭单”后，方可返还现金。

（6）如果实施商务工作时，事前计划申请的费用不够，需要超出时，应提前向有关领导报告，在得到许可和批准后，超过的部分才可以得到报销。

练习题

1. 秘书应当如何管理零用现金？商务费用报销的程序是什么？
2. 秘书应当如何管理自己的时间？如何填写工作日志？
3. 提高办事效率和节约时间的小技巧有哪些？
4. 上司活动安排有哪些种类？各有什么特征和要求？
5. 如何为上司安排一份周活动表和日活动表？上司日程安排有哪些注意事项？
6. 接打电话有哪些技巧？如何寄发和接收邮件？
7. 上司外出时，秘书如何处理邮件？
8. 印章的种类有哪些？如何加强印章的管理？
9. 如何正确使用介绍信？
10. 秘书应当如何做好保密工作？
11. 办公环境由哪些部分构成？办公室布置的具体要求是什么？
12. 如何做好办公用品的计划与采购？怎样管理好办公用品？

实训题

实训项目一：办公室零用现金管理及商务费用报销

（1）模拟情景：四川天一有限公司设计一个适合的零用现金管理账簿。这个公司规定日常零用现金每月是1000元，由秘书负责零用现金的报销。根据零用现金的报销内容，写出零用现金管理账簿的各个项目。同事陶某来报销昨天发生的交通费，拿了一张交通费的凭据，一张填好的零用现金凭单，上有负责人的签字。

（2）模拟操作零用现金报销的规范程序操作及工作流程，写出操作方案。

14. 实训项目二：时间管理

（1）实训准备：办公环境；办公设备、用品、家具；计算机；秘书个人工作日志、领导工作日志、单位工作时间表。

（2）实训目的与要求

通过训练，了解秘书个人办公室工作任务、领导工作事项及单位整体工作安排；掌握有效地管理时间的方法，能够熟练地设计、制作和使用工作日志及工作时间表格。

（3）实训方式：以小组为单位，扮演不同角色进行训练；制作工作日志和工作时间表；填写工作日志和工作时间表。

（4）实训提示：编制单位周工作安排时间表、领导工作日志（周）、秘书个人工作日志（见表2－15～表2－17）；填写单位周工作安排时间表、领导工作日志（周）、秘书个人工作日志；动态管理单位周工作安排时间表、领导工作日志（周）、秘书个人工作日志，根据工作客观变化的原因，随时调整时间、地点、新添项目、负责人员。

表2－15　　单位周工作安排时间表样例

时间（时、分）	星期一	星期二	星期三	星期四	星期五	备注

表2－16　　领导工作日志（周）样例

周次	工作内容			
	一月份	二月份	三月份	四月份
第一周				
第二周				
第三周				
第四周				

表 2－17　　秘书个人工作日志样例

时间（时、分）	工作内容	备注

实训项目三：为上司安排活动的程序和方法

（1）实训目标：编制领导季度会议工作安排。

（2）实训背景：销售部经理第三季度会议较多，七月的前两周要在上海开会；八月的第二周要去香港参加5天会议；每月的最后一个星期五上午是销售部固定的部门会议；八月最后一个星期三要参加公司的办公会议；七月的第三周星期二要在公司开销售会议，传达上海会议精神；八月第一周的星期一还要面试3位营销员；九月的前两周希望安排休假。销售部经理要求秘书为他制订一份一目了然的季度会议安排表。

（3）实训内容：通过本实训达到熟练掌握为上司安排活动的程序和方法。

（4）实训要求：实训分小组进行，每组3个人，其中1人担任组长，组织大家共同分析所给背景材料，然后编制一份清楚有序且一目了然地显现销售经理第三季度的活动和会议工作安排表。

（5）实训提示：领导活动安排的编制要注明：时间、地点、活动内容、活动形式、参加人员及备注或附注。上述内容要清楚、一目了然。

实训项目四：接打电话

（1）实训准备：办公室；两部电话机；办公人员；训练方案。

（2）实训目的与要求

通过训练，了解秘书职业接、拨电话的基本礼仪规范，掌握秘书工作中常见电话礼仪的基本程序要求。迎、送客人行为举止训练：接听电话的姿势、用语、语气，拨打电话的姿势、用语、语气，转叫电话的姿势、用语、语气。

（3）实训方式：情景创设，模拟角色扮演，分组进行。

（4）实训提示：振铃三声之内接听电话并主动问候；填写电话记录簿（见表2－18）。报办公室主任提出拟办意见；呈交主管领导批办；送交有关部门承办；及时催办；及时了解办结情况并向领导和相关部门反馈。

表 2－18　　电话记录簿

电话记录单	□紧急
接受人姓名：	
留言人姓名：	

表2－18(续)

电话记录单	□紧急
留言人单位：	
留言人电话：	
□将再来电	□请你回电
□将来访	□请你回电
□ 留言内容：	
记录人：	

实训项目五：邮件处理

（1）实训准备：特快专递、平信、挂号信、杂志；剪刀、笔、胶水、订书器、订书钉；文件夹、书档；立柜、桌子；邮件收发登记簿（见表2－19）、邮件传阅提示单（见表2－20）。

表2－19　　邮件收发登记簿

收到日期	发出日期	收到时间	发件人	收件人	来件种类	处理日期

表2－20　　邮件传阅提示单

按数字顺序传阅： 发文日期：			
传阅人姓名	传阅顺序	签名	时间
	1		
	2		
	3		
	4		

（2）实训目的与要求：通过处理邮件全过程的训练，提高信息分类能力、阅卷归档能力，安全保密能力。

(3) 实训方式：以1人为一轮，训练邮件处理全过程。

(4) 实训提示：签收邮件——分拣分类、拆封、登记、分送、阅办；分发传阅邮件——分发、传阅；寄发邮件——邮件签字、核查收信人信息、核查邮件标记、核查附件、邮件装封、发送邮寄；采取保密安全措施。

实训项目六：办公环境管理评估

(1) 实训准备：办公环境；办公设备、用品、家具；绿色植物及装饰物；办公人员。

(2) 实训目的与要求：通过训练，了解办公环境的构成因素及基本要求，掌握进行办公环境评估的方式与方法。

(3) 实训方式：以个人或结伴走访的方式，到本单位办公室进行环境评估；就办公室环境进行讨论，分析存在的问题；提出建议和意见。

项目七：调配办公资源

(1) 实训准备：办公用品控制卡；人员流动信息表；办公用品若干；计算机；笔、本子、纸。

(2) 实训目的与要求：通过办公资源的合理配置的训练，锻炼人力资源与办公资源的合理配置的能力。

(3) 实训方式：以5人为一个小组，分别扮演不同角色。

(4) 实训提示：了解本单位办公资源的整体情况；对办公资源进行分类并造册以记录实际利用状况；定期进行数据分析；掌握单位员工流动信息；随时将办公资源与员工对应进行调配。

第三章　接待工作

本章学习要求：

文秘人员是第一线接待客人的人员，文秘人员处于上下、左右、内外综合沟通的中介地位，每天都要代表领导接待大量到本单位访问和办事的各方人员。文秘人员来宾接待工作的好坏，直接反映出一个单位的工作作风和外在形象，也直接体现了文秘人员本身的素质、能力、水平和形象。因此，秘书不仅在衣着打扮和言谈举止方面要注意，而且在精神状态方面也要特别注意自身形象。要求通过本章学习，能够：掌握接待工作的内容、种类和要求；熟悉交往群体的礼仪要求；区分接待对象，确认接待规格；按照行动规范做好接待的准备工作；从容应付已预约和未预约的客人，根据接待计划做好接待工作。

第一节　接待的准备工作

案例

四川天一有限公司的刘华是一位新员工，她在前台负责接待来访的客人和转接电话，还有一位同事小兰和她一起工作。每天上班后的一到两个小时是她们最忙的时候，电话不断，客人络绎不绝。一天，有一位与销售部张部长预约好的客人提前20分钟到达。刘华马上通知销售部，部长说正在接待一位重要的客人，请对方稍等。刘华转告客人说："张部长正在接待一位重要的客人，请您等一下。请坐。"正说着电话铃又响了，刘华匆匆用手指了一下电话，知会小兰赶快接电话。客人面有不悦。小兰接完电话，赶快为客人送上一杯水，与客人闲聊了几句，以缓解客人的情绪。请问：秘书刘华有什么不妥的地方？秘书接待工作应作好哪些准备工作？

案例分析

刘华不应该对客人说部长正在接待一位重要的客人，这等于暗示客人"你不重要"。接待人员应该认识到，所有的客人都会认为自己是最重要的，因此不能怠慢客人，要对不能及时接待表示歉意，并恭敬地请他坐下等待。

秘书要做好接待工作，前期的准备工作是非常重要的，它是做好接待工作的前提条件。秘书应该从接待工作的心理、环境、物质与业务知识四个方面进行准备。

一、做好接待工作的心理准备

秘书人员要做好接待工作，必须具备较强的“角色意识”与“服务意识”，只有站在对方立场，有一颗真诚的心，接待中能将心比心才能表现出优雅感人的接待表现。待人接物应该热情开朗、温存有礼、和蔼可亲、举止大方而灵活，这种良好的行为有助于赢得对方的好感，缩短彼此的心理距离。那种“门难进、脸难看、话难听、事难办”的现象，令人反感。如果秘书遇到不愉快的事而心情不佳，也绝不能把个人的情绪带到工作中来，更不应发泄到来访者身上。外面的人对于上司评价的标准，首先取决于秘书人员接待客人的情感。若一开始受到秘书人员真诚亲切的接待，来访者对将见到的领导也会抱着同样的期待。反之，如果秘书人员对于来访者拉长脸，嫌麻烦，来访者也一定会产生连锁反应，认为领导也不会热情。因此，秘书人员应有真诚的待客心理。

无论来访的客人是预约的还是未预约的，是易于沟通的还是脾气急躁的，都要让对方感到自己是受到欢迎、得到重视的。当客人很多或难于应对的时候，仍要有理有序地处理，更不能因客人发火或急躁而有失礼节，要沉着冷静，态度友善，耐心解释。

要做好接待工作心理准备，重要的是秘书人员要学习仪容、仪表、仪态、服饰礼仪等常识性的礼仪常识，为塑造自身良好形象打下一定的基础。

二、做好接待工作的环境准备

接待环境一般可划分为硬环境和软环境。

1. 硬环境

（1）绿化环境。会客室（办公室）的绿化是不能忽视的。应适当地摆放一些花卉或绿色植物；外部环境应力求做到芳草铺地，花木繁茂；室内绿化要合理地配置花木，给室内增光添辉。

（2）空气环境。空气环境包括空气的温度、湿度、流通与味道四个因素，它的好坏对人的行为和心理有着很大的影响，室内通风与空气调节对提高接待工作效率十分重要。因此，应在室内安装通风设备和空调，做好空气的调节，并且经常打开门窗透气，保持空气清新。同时，也可适当洒些气味淡雅的空气清新剂。

（3）光线环境。室内要有适当的照明，以自然光源为主，人造光源为辅。切勿使光线过强，以免刺激眼睛。如长时期在采光、照度不足的场所工作，很容易引起人的视觉疲劳或心情压抑。

（4）声音环境。室内要保持肃静、安宁，这样，既能使客人心情舒畅，同时也能使秘书人员聚精会神地做好接待工作，有助于工作效率的提高。反之，办公室声音嘈杂，会使人心烦意乱。

（5）办公室（会客室）布置。办公桌、文件柜、复印机等大件物品要摆放合理，书报、文件、文具等物品要归类摆放整齐；墙上可挂日历、公司徽标等，也可挂上市场网络图和宣传照片等。

2. 软环境

（1）组织文化环境。这是组织存在和发展的灵魂，同时也是接待过程中最能感动客人、能够给客人留下深刻印象的东西。如科学合理的规章制度、紧张有序的工作秩序、和谐融洽的人际关系等。办公室里良好的工作氛围，能让客人感受到这个团队是有凝聚力的团队，从而对单位留下良好的印象。

（2）接待礼仪环境。包括接待人员的态度、礼仪素养、接待过程的安排等。

三、做好接待工作的物质准备

常见的准备物质有必备用品和辅助用品两种。

1. 必备用品的准备

（1）办公设备：桌椅摆放整齐，桌面清洁，没有水渍、污渍。墙上可挂与环境谐调的画，也可挂公司领导与国家领导人的合影，或某次成功的大型公关活动的照片，以提高公司的可信度。桌上可放一些介绍公司情况的资料。

（2）茶水、饮料、茶具准备：茶具、茶叶、饮料要准备齐全。一般客人可以用一次性纸杯，重要客人还是用正规茶具为好。

（3）文具用品：如会见客人时需要记录用的笔和纸等。

（4）书报架：为了使来访者排解等待的时间，还应放置书报架，摆放一些书报杂志、单位介绍等材料。

2. 辅助用品的准备

（1）接待用车：如迎送客人用的大小轿车。

（2）接待标志：如接待现场的欢迎标语和指示牌，接待人员的统一服装和证件等。

（3）接待设备：如会见大型代表团使用的扩音器，部分会谈时需要的电脑、复印机、传真机、摄像机等。

（4）接待礼品：部分接待工作需要赠送礼品，尤其是一些涉外的接待工作。

四、业务知识和能力的准备

作为秘书，在熟悉自己的本职工作基础上，要全面了解本单位的各方面情况，组织的发展历史、产品资料、各部门设置等；手头备有较完备的组织相关资料，具体包括组织内部职员的电话号码、本市其他公司和企业单位的电话号码、当地宾馆、名胜古迹、游览路线、娱乐场所的名称、地点、联系方式，本市的政治、经济、文化等情况。

五、接待工作的基本原则

1. 热情周到

在接待中，秘书既要有热情的态度，处处替客人着想，尽可能满足客人的要求和愿望，又要有细致周到的工作作风。要善于整体策划，认真做好每一件小事，通过热情周到的服务，保证接待活动的顺利进行。

2. 一视同仁

所谓一视同仁，就是在态度上，对每个来访者，都要以礼相待。不论上、内、下、外的来访者，都一样的热情。哪怕是不受欢迎者，也不要给他们留下冷冰冰的印象。要改变门难进、人难见、脸难看、话难听、事难办的衙门作风。做到：一请坐、二倒茶、三问好、四办事、五送客。

3. 以礼相待

在接待过程中，不管来访者抱着什么目的，都希望得到尊重或理解。秘书在接待中讲究接待与谈话的艺术，以礼相待，来访者有了被尊重的感觉，这就为接待工作奠定了一个良好的基础。以礼相待体现了秘书人员较高的文明素养，同时也体现了公司良好的形象。

4. 认真负责

对来访者的谈话，都要认真听、记。不能敷衍了事，要弄清问题的原委和实质。考虑事情时要综合考虑，做到细致入微、善始善终，千万不能马马虎虎、粗枝大叶。要按正式程序处理接待中的问题，要设身处地为来访人员着想，决不能踢皮球或骗人。

5. 精简务实

接待工作是一项消费型活动，接待单位往往会投入一定的财力、物力、人力，在接待过程中秘书人员应精打细算，以解决实际问题、促进相互间的友好合作作为接待的指导思想，简化接待形式，调整接待规格，使接待活动更体现务实精神，更加重视实效。坚决反对大吃大喝，铺张浪费，讲排场，摆阔气，超标准，搞特殊，一个客人九个陪；来时接风，中间宴请，走时送行。本着“少花钱，多办事”的原则，做好接待工作。

6. 内外有别

来访者是本单位还是外单位，代表组织还是代表个人，是家人、朋友还是外人等等，接待时要有区别。要严守纪律，注意保密。不能讲的、不清楚的绝不讲，能少讲的则绝不多讲。对外宾的接待，应按上级统一规定，在外事部门的统一管理和指导下开展接待工作。对内接待则可由接待单位自行确定接待任务和方式，但也应当遵守有关法律法规。对内接待是否发布消息应根据领导意图，秘书人员不能擅自行动。接待工作要严格做到内外有别。

7. 合理挡驾

在面对不同的接待来访对象时，秘书要分清来客的身份和意图，分清轻重缓急，既保证对方的事情能最大限度地办到、办好，又保证领导者不被过多的接待所干扰。

8. 安全保密

确保安全和保证秘密是秘书接待工作的重要原则，尤其是高层人士的正式来访，保证安全和保守秘密就显得更为重要了。这里所说的“安全”，包括住宿安全、交通安全和饮食安全等。保密包括会议保密、文件保密和活动安排保密等。

第二节　接待的礼仪

案例

四川天一有限公司经理办公室秘书小李接到客人后，在从机场返回的路上，他热情地介绍着本地的风土人情和逸闻趣事，也谈到了自己的家庭和个人的经济收入。当小李询问对方的家庭情况和个人的经济收入时，客人笑而不答。

案例分析

小李注意了不冷落客人，主动找话题交流，并希望形成共同语言，这样做是正确的。但是，部分话题选择不恰当，涉及了客人的个人隐私和忌讳的话题。同时，小李还应注意听者的反应，及时把话题调整到共同关心的问题上。案例中秘书小李的做法不符合接待礼仪的要求。下面我们就具体来学习接待工作中的礼仪。

礼仪是指人们在社会交往活动中形成的行为规范与准则，是道德的外在表现形式，

也是调节人际关系的重要手段。文明礼貌待人、言谈举止得体，是每个从事接待工作的同志所必须具备的素质。迎送客人应注意以下礼节：

一、迎送

迎来送往，是社会交往接待活动中最基本的形式和重要环节，是表达主人情谊、体现礼貌素养的重要方面。迎送活动的规格有高低，仪式有简繁，但几乎任何一次接待活动都不能缺少。在接待过程中，我们一定要重视迎送活动的安排。

迎送的对象，按其性质分，有专程前来，也有顺道路过；按其级别分，职务各有高低；按人数分，有大型的代表团，也有数人乃至一人的。接待中，通常根据其身份地位、来访性质及其与当地的关系等因素，安排相应的迎送活动。

1. 确定迎送规格

迎送规格，一般应遵循对等或对应原则，即主要的迎送人员应与来宾的身份相当或相应。若由于种种原因，主方主要人员不能参加迎送活动，使双方身份不能完全对等或对应，可以灵活变通，以对口原则，由职务相宜人员迎送，但应及时向对方作出解释，以免误解。

为了简化迎送礼仪，目前主要迎送人员更多地在来宾下榻的宾馆（或饭店）迎接或送别，而另由职务相宜人员负责机场（或车站、码头）的迎送。

2. 迎送前的准备

（1）了解来宾抵离的准确时间

接待工作人员应当准确了解来宾所乘交通工具的航班号、车次以及抵离时间。将这些情况和迎送人员名单一并通知机场（或车站、码头），以便作好接站（或送站）准备。接、送站前，应保持与机场（或车站、码头）的联系，随时掌握来宾所乘航班

（或车次）的变化情况。如有晚点，应及时作出相应安排。接站时，迎候人员应留足途中时间，提前到达机场（码头或车站），以免因迟到而失礼。

（2）排定乘车号和住房号

如果来宾人数较多，为了在接站时避免混乱，应事先排定乘车号和住房号，并打印成表格。在来宾抵达时，将乘车表发至每一位来宾手中，使之明确自己所乘的车号。同时，也便于接待人员清点每辆车上的人数。住房表可随乘车号一同发放，也可以在前往下榻宾馆的途中发放。住房表可以使来宾清楚自己所住的房间，也便于来宾入住客房后相互之间联系。

（3）安排好车辆

根据来宾和迎送人员的人数，以及行李数量安排车辆。乘车座位安排应适当宽松，正常情况下，附加座一般不安排坐人。如果来宾行李数量较多，应该安排专门的行李车。如果是车队行进，出发前应明确行车顺序，并通知有关人员，以免行进中发生错位。

3. 安排好迎送中的各个环节

（1）介绍

主客双方见面时，应互相介绍。按通常礼仪，应先把主人介绍给来宾，然后再把来宾介绍给主人，介绍顺序以职务的高低为先后。介绍人可由双方职务最高者或工作人员担任。如果主宾双方职务最高者本已认识，则最好由他们分别依次介绍各自人员。也可以由双方的工作人员介绍。介绍形式一般以口头介绍为主，如果人数不多，也可以用互换名片的形式。

（2）握手

按传统习惯，我国在接待来客时的礼节一般是握手。宾主之间，主人有向客人先伸手的义务，主人主动、热情、适时的握手会增加亲切感。

（3）问候

如果是第一次来访的客人，可以说："您好！见到您很高兴。我是××办公室的秘书，请问您有什么事情需要我帮忙吗?"对于曾经来过的客人，相别甚久，见面则说："您好吗？很久未见了。"客人即将离去时，应主动对客人说："请对我们的工作提出宝贵的意见。"分别时，则说"再会"、"好久再见"或说"祝您一路顺风"等。

（4）称呼

接待客人时的称呼，应视具体环境、场合，并按约定俗成的规矩而定。目前，在国内，政府机关多通称"同志"；在企业界和社交场合多称男性为"先生"，称女性为"小姐"或"女士"；知道其职务时，在一定场合也可称职务，如"××处长"、"××经理"、"××厂长"等。用恰如其分的称谓来称呼客人，是秘书素养的一种表现，也是与客人交谈的良好开端。

（5）提取、托运行李

如果来宾行李较多，应安排专门工作人员，负责清点、运送行李并协助来宾办理行李的提取或托运手续。提取行李时如需等候，应让迎宾车队按时离开，留下有关人员及行李车装运行李；送行时，如果来宾需交付托运的行李较多，有关人员应随行李车先行，提前办理好托运手续，以避免主宾及送行人员在候机（车、船）厅等候过久。

（6）注意与宾馆（饭店）的协调

来宾下榻在宾馆（饭店），生活安排是否周到、方便，与宾馆（饭店）的服务水平密切相关，来宾抵离宾馆（饭店）时，具体事务较多，更应做好有关事项的协调衔接。

当重要来宾抵离时，接待工作人员应及时通知宾馆（饭店），以方便宾馆（饭店）组织迎送、安排客房、就餐和进出行李等。来宾入住客房，以便捷、迅速为原则，重要来宾、人数较多的代表团更是如此。为了避免来宾抵达后聚集大厅长时间地等待，接待工作人员应与宾馆（饭店）主动联系，密切配合，进行过细的安排。通常住房安排表在抵达住地前发给每位来宾，使每人清楚自己入住的房号。在宾馆（或饭店）迎宾处设领钥匙处，来宾抵达时，根据他们自报的房号分发住房钥匙。也可以在保证安全的前提下，事先打开房门，使来宾抵达后直接进房。不论采用何种形式，主宾入住客房，应有专人陪同引导。来宾入住登记或离店手续，可在适当时间，由接待人员协助办理。

来宾进店时，应通知行李房，及时将来宾行李分送各人房间或集中送到某一房间；来宾离店前，应和行李房约好出行李的时间。出行李应适当提前，以免发车前主宾和送行人员长时间等待。

（7）为来宾留足休息时间

应为来宾留出足够时间，使来宾能够得到充分休息。

二、参观、游览

参观、考察是来宾接待工作中一项重要内容。有时为了劳逸结合，有张有弛，也可以适当安排名胜景点的游览活动。参观、游览活动如安排得当，有利于使来宾深刻、完整地了解当地情况，从而得到更多人的理解、关心和支持。安排参观游览要注意以下事项。

1. 项目的选定

参观游览项目的选择，主要应考虑来宾来访的目的、性质，使参观项目的安排有一定的针对性；同时考虑来宾的意愿和特点，结合当地实际，选定最具代表性的参观项目。有季节性的项目，还要考虑时令是否合适。此外，还要考虑参观时间的长短、路途的远近等。对方提出的要求，在可能情况下应尽量予以满足，如果确有困难，不能安排，可如实告知，并作适当解释。

2. 安排布置

项目确定之后，应作出详细计划，制定活动日程表。包括先参观什么，后参观什么，中间是否休息，在哪个点休息，参观前有无介绍，参观前后是否座谈，各参观点之间距离远近，徒步还是乘车前往等。接待重要来宾，对以往接待活动中安排较少、情况不甚了解的参观游览点，必要时应先跑一遍，落实各个细节的安排，这就是我们常说的“踩点”或“打前站”。经过与有关方面商量和报批程序，这些细节和具体要求一旦确定，应向各个接待单位交代清楚，并告知全体接待人员，使大家都明了各参观游览点的活动内容和安排，以及各点的集合出发时间与地点。这样便于大家主动配合，避免在参观过程中出现问题。

3. 陪同

来宾前往参观时，一般由身份相对应的人员陪同。各有关的被参观单位应安排相对应或一定人员出面，并根据情况安排解说员。游览还应安排导游人员。安排参观、游览时，一定要注意轻车简从，陪同及随行的工作人员不可太多，更不要层层加码，以保证现场的良好程序。重要的接待任务，轻车简从，防止人员过多、过杂，还有利于安全保卫工作。

4. 情况介绍

介绍情况要实事求是，所用的数字、材料要精确，经得起推敲。介绍方式可采用座谈形式，也可以边看边介绍。为了提高介绍效果，每个参观项目的基本情况，事先都应准备书面材料，在参观过程中发给来宾。如果来宾人数较多，而参观点上场地有限，可以采用集中介绍、分组参观的办法。

三、会见与会谈

会见与会谈，是来宾接待工作中的重要内容之一。不论是访问、谈判，还是考察、调研，通常都会安排相应的会见与会谈，用以加强沟通理解、促进双方友谊。会见与会谈，已成为接待工作中一项常规性的礼仪活动。

1. 会见与会谈的分类

会见通常分为两类：接见与拜会。凡身份高的人士会见身份低的，或主人会见客人，一般称为接见或召见。凡身份低的人士会见身份高的，或是客人会见主人，一般称为拜会或拜见。在来宾接待安排中，一律统称会见，接见和拜会后的回访称回拜。

会见按其内容又可分为礼节性会见和事务性会见，或兼而有之。礼节性会见时间较短而内容较广泛。事务性会见一般涉及经济、科技、文化交流等业务方面的内容。

会谈是指双方或多方就某些共同关心的问题交换意见，来宾接待中，主要是指经济、科技、文化等问题进行洽谈，也可指公务洽谈和业务谈判。会谈一般说来内容较为正式，政策性或专业性较强。

2. 会场的准备

(1) 会场的选择

会见与会谈的场地，一般设在主人单位办公楼或来客下榻处的会议室。会议室的大小应视参加会见或会谈的人数而定，宜适当宽敞些，保证座位安排较宽松，避免拥挤，方便进出。

(2) 会场的布置

每一位与会者的座位前放置席位卡，字体要规范、清晰，以便对号入座。备好茶水、毛巾，准备供记录用的纸张、文件夹、铅笔。一般地说，会见或会谈不备水果，除矿泉水外也不备其他饮料。如果参加会谈、会见的人较多，场地较大，事前作好准备。必要时安排好后排人员站立的架子，选择好背景。

四、注意事项

接待客人要注意以下几点：

（1）客人要找的负责人不在时，要明确告诉对方负责人到何处去了，以及何时回本单位。请客人留下电话、地址，明确是由客人再次来单位，还是我方负责人到对方单位去。

（2）客人到来时，我方负责人由于种种原因不能马上接见，要向客人说明等待理由与等待时间。若客人愿意等待，应该向客人提供饮料、杂志。如果可能，应该时常为客人换饮料。

（3）接待人员带领客人到达目的地，应该有正确的引导方法和引导姿势。

①在走廊的引导方法。接待人员在客人两三步之前，配合步调，让客人走在内侧。

②在楼梯的引导方法。当引导客人上楼时，应该让客人走在前面，接待人员走在后面。下楼时，应该由接待人员走在前面，客人在后面。上下楼梯时，接待人员应该注意客人的安全。

③在电梯的引导方法。引导客人乘坐电梯时，接待人员先进入电梯，等客人进入后关闭电梯门。到达时，接待人员按“开”的按钮，让客人先走出电梯。

④客厅里的引导方法。当客人走入客厅，接待人员用手指示，请客人坐下，看到客人坐下后，才能行点头礼后离开。如客人错坐下座，应请客人改坐上座（一般靠近门的一方为下座）。

（4）诚心诚意地奉茶。我国人民习惯以茶水招待客人，在招待尊贵客人时，茶具要特别讲究，倒茶有许多规矩，递茶也有许多讲究。

第三节　接待工作的基本程序

案例

当来访客人走进公司经理办公室时，周秘书正在办公桌前打印一份文件，他向客人点点头，并伸手示意请客人先坐下。10分钟后，他起身端茶水给客人，用电话联系好客人要找的部门，在办公桌前起身向客人道别，并目送其走出办公室。为此事，周秘书受到了办公室主任的批评。

案例分析

办公室主任之所以批评周秘书，是因为周秘书在此次接待工作中没能做到亲切迎客、热忱待客、礼貌送客，特别是连“出迎三步，身送七步”这一迎送宾客的最基本的礼仪也没有注意。周秘书在接待来客中应做到：①起身迎客，问明来意。②伸手示意客人请坐，并说明请稍候。③尽快联系好客人要去的部门并具体说明如何去该部门。④将客人送出门口，握手道别。

秘书的责任之一，就是要甄别客人，起到“过滤”、“分流”的作用，让预约好的或有接待必要的客人及时得到接待，而把没有必要接待的客人客气地挡在门外，不要让客人直接见到上司或其他人，影响工作。

一、接待工作的类型

根据不同的标准，可将接待划分为不同的类型：按来访者的国别分类，接待可分为内宾接待和外宾接待；按来访者事先是否预约分类，接待可分为有约接待和无约接待；按来访者的人数分类，接待可分为个别接待和团体接待。

1. 内宾接待

内宾接待是指接待国内的来访者，包括本系统内外的所有个人或集体来访者。内宾接待工作一般由秘书人员或专职接待人员负责，如果有重要的来访者，本单位领导应出面接待。

2. 外宾接待

外宾接待是指接待境外来访者，包括海外侨胞和港澳台同胞的接待。接待对象可能是政府官员、代表团，也有可能是商人、专家或学者。外宾接待，事先应有计划并报上级主管部门批准。接待工作一般由领导负责，秘书人员协助。在接待过程中，秘书人员要注意礼仪，生活安排也要顾及外宾的民族或地区的风俗和饮食习惯。

3. 有约接待

有约接待指对事先与本单位有约定的来访者的接待。这种接待应该比较正规，在程序上周密布置，在人力、财力、物力上有充分准备，不应该遗忘或出现差错。

4. 无约接待

无约接待指对事先与本单位无约定的来访者的接待。在无约接待中，秘书要随机应变，灵活处理，既不失礼貌风度，又不能让无约来访者耽误领导和自己的正常工作。

二、接待预约来访者的工作程序

1. 亲切迎客

(1)“3S”迎客

秘书看到来访的客人进来时，应马上放下手中的工作，站起来，面带微笑，有礼貌地向来访者问候。见到客人的第一时间，应该马上做出如下的动作表情，我们简称为“3S”：Stand up（站起来）；See（注视对方）；Smile（微笑）。

最初的迎客语言有：“您好，欢迎您！”；“您好，我能为您做些什么？”；“您好，希望我能帮助您。”

对于来访的客人，无论是事先预约的，还是未预约的，都应该亲切欢迎，给客人一个良好的印象。如果客人进门时秘书正在接打电话或正在与其他的客人交谈，也应用眼神、点头、伸手表示请进等身体语言表达你已看到对方，并请对方先就座稍候，而不应不闻不问或面无表情。如果手头正在处理紧急事情，可以先告诉对方：“对不起，我手头有紧急事情必须马上处理，请稍候。”以免对方觉得受到冷遇。遇有重要客人来访，秘书需要到单位大门口或车站、机场、码头迎接，且应提前到达。当客人到来时，秘书应主动迎上前去，有礼貌地询问和确认对方的身份，如：“请问先生（小姐)，您是从××公司来的吗?”对方认可后，秘书应作自我介绍，如“您好，我是××公司的秘书，我叫××”或“您好，我叫××，在××单位工作，请问您怎样称呼”。介绍时，还可以互换名片。如果客人有较重的行李，还要伸手帮助提携。要给客人指明座位，请其落座，迎接以客人落座而告终。

(2) 了解来访者约定见面的部门或人员

一般而言，秘书人员在向客人问候后，客人会主动告诉秘书他所约的被访者是谁，有什么事情。如果客人如约来访，但领导却没有按约定的时间返回公司时，秘书要代领导向客人诚恳地致歉，请其稍等，奉上茶水。马上与领导联系，如果等待的时间较长，秘书要告诉来访者大概要等多少时间，让其作出决定：是继续等还是改日再来。如果需要更改会面时间，应先征求来访者方便的时间，以便配合领导的时间表，等领导回来后，再决定预约时间。留下客人的联系方式，及时与客人联系确定见面时间。

(3) 被访者不能马上接待

如果来访者比约定的时间来得早得多，或被访者正好在忙，没有时间马上接待，应请来访者入座，款待饮料，递送书报资料以排遣时间。客人等待期间，秘书要及时为其续水，让客人知道，秘书一直在关注他的事。待离约定时间5~10分钟，再通知被访者。

(4) 按照单位要求给来访者发放宾客卡，并提醒来访者离开时返还宾客卡。

2. 热情待客

(1) 引导

引导人员将客人引导至领导办公室或会客室后，如需要介绍，秘书应注意遵循“让尊者先了解对方的原则”进行介绍。待客人坐下后与上司还在寒暄时，秘书可先征求客人的意愿，奉上茶水或饮料。退出后，将门轻轻关上。上司在会客时，有事需要通知上司，应该用纸条，不要直接趴在上司的耳边窃窃私语。

秘书在问清来访者的身份、来意后，需要领导出面会见或其他部门人员出面会见的，秘书要在请示领导并得到领导同意后，为其引见。

① 秘书在引领客人时，上身稍向右转体，自己要走在客人的左前方，相隔一步到一步半距离为佳，体现以右为尊、为上的原则。可边走边向来宾介绍相关情况。

② 要告诉客人所去之地，并顺便告知客人洗手间的位置。转弯或上楼梯时，先要有所动作，让对方明白所往何处。

③ 如要乘电梯，则应先告诉客人楼层，然后在电梯侧面按住按钮，请客人先入电梯，秘书进去后再按楼层键；下电梯时也应请客人先行。

④ 到达会客室或领导办公室前要指明“这是会客室”或先说声“这里就是……”，进门前应先叩门表示礼貌。得到允许后，把门打开，左手扶门，右手示意“请进”。如果门是向外开的，秘书拉开门后，侧身在门旁，用手按住门，让客人先进入；如果门是向内开的，秘书推开门后，自己先进入，按住门后再请客人进入。一般右手开门，再转到左手扶住门，面对客人，请客人进入后再关上门，通常叫做“外开门客先入，内开门己先入”。到会客室或领导办公室后，要引导客人就座。

⑤ 在就座时，要遵守“右为上，左为下”的礼节，用手势示意客人，请客人坐在上座。安排接待时客人的就座位置如下：主客并排就座时，客人应该坐在主人的右边；主客对面而坐时，客人应该坐在离门远的一边或面对门的一边；主客对面坐，并且双方与门的距离一样时，以进门面朝桌子时的右手一边为客人，左手一边为主人；长沙发和单人沙发中，长沙发为上座。

⑥ 递送茶饮

茶是风靡世界的三大无酒精饮料之一，在我国被誉为“国饮”，自古以来就有“文人七件宝——琴棋书画诗酒茶”和“茶通六艺”之说。以茶待客，以茶会友，是至高的礼仪。秘书在接待中给客人送茶时要注意以下几点：

①待客人坐下后与上司还在寒暄时应立即上茶，不要等寒暄过后进入正题再送茶，这样就可能会打扰主客双方的谈话。上茶时，应将托盘放置在桌子或茶几上，双手端出托盘上的茶杯放到客人面前。

②可用袋泡茶，也可用上好的茶叶。我国较有名的茶叶有：绿茶（西湖龙井、洞庭碧螺春、黄山毛峰、庐山云雾、六安瓜片、信阳毛尖等）、红茶（祁门红茶等）、乌龙茶（武夷岩茶、安溪铁观音等）、花茶（茉莉花茶、玫瑰花茶等）。招待客人，一般冬季用红茶，夏季用绿茶，春秋季用花茶为宜。

③一般客人可用一次性纸杯，重要的客人应用带盖有把儿的瓷茶杯。茶具必须无破损，无污垢，并要洗干净，擦亮，消毒。

④泡茶时，茶水不宜过浓，也不宜太满，一般以七成为宜，民间自古有“茶七酒八”的礼仪要求。

⑤要注意客人杯中的茶水残留量。如已喝去一半，就要添加开水，随喝随添，使茶水浓度基本保持前后一致，如果过淡，应换上新茶叶。

如客人是外宾，或是在炎炎夏日，可征求来客的意愿送上合适的饮料。

“细微处见真诚”，你的客人往往从你接待他的细节中对你评定印象分。如果在某个细节，你做得欠妥当，可能会让客人感到受冷落。但如果在某个细节，你表现极佳，客人会认为公司对其很照顾与尊重。所以，秘书在引导客人时，需要特别注意文件收拾、与客交谈、开门礼仪、衣物挂放、引座礼仪等细节。

①文件收拾。引导前，接待人员应将办公桌上的文件收拾好，重要的还须锁起，以防他人翻阅泄密。

②提示。引导来宾前去会晤上司，应提示“李经理正在会议室恭候各位”或“我们现在前去李经理的办公室”，以便让对方思想上有所准备。

③同行。与来宾同行时，通常走在来宾的左前方，配合来宾的步伐，保持适当的距离（1 米左右），并不时右侧回身调整步伐，应答提问，招呼来客。

④与客交谈。引导途中，接待人员可视客人熟识程度与客人进行寒暄、交谈，以示友好。

⑤示意走向。在走道上，遇交叉或转弯，要伸出右手向来宾示意走向，并说“这边请”。

⑥乘电梯。乘电梯前，需向客人说明：“在×楼。”进出电梯都应礼让来宾先通行，

并主动操作按键，注意电梯门开合的时间，别让客人被夹到。

⑦开门礼仪。来到会客室、领导办公室等会客场所前，接待人员应该停住脚步，转身面向来宾，说声“就是这里”，并开门引导来宾进屋。如果是拉门（朝外开的门），接待人员应站在走廊里按住门，等客人进入后再进入，如果是推门（朝内开的门），接待人员应先入内，把住门边，请客人入内。

⑧衣物挂放。进入室内后，客人如有外套、帽子、雨伞等物，征得客人同意后，接待人员可取过挂放于衣帽架或明显处，向客人说明：“×先生，您的外套挂在这里。”

⑨引座礼仪。进屋后，根据客人的身份，将其引至合适的座位，或由领导安排座位。如领导未到，接待人员可对客人说：“请坐，经理马上到，请稍候。”一般来说，室内离门口远的座位是上座。

（2）介绍

秘书引领来访者进入会客室或领导的办公室后，当领导与来访者双方见面时，如果是第一次来访的客人，应由秘书简洁地将双方的职务、姓名、来访者的单位和来访的主要目的作一介绍。如果双方已是熟人，多次见面打过交道，则可免去这一过程。要注意介绍时的基本礼节：站立介绍，不要背对任何一位；按照介绍礼仪介绍；介绍完毕后，可请示领导是否还有吩咐，或为双方送上茶水后即有礼貌地告退。出门时，面向室内轻轻地将门带上。

3. 礼貌送客

送行是决定来访者能否满意离开的最后一个环节。因此，能否将这最后一个环节的工作做好，是秘书能否善始善终地接待好来访者的具体体现。如客人提出告辞，秘书应等客人起身后再站起来相送。切忌没等客人起身，自己先于客人起立相送，这是很不礼貌的。若客人提出告辞，秘书仍端坐办公桌前，一边说“再见”，一边手中还忙着自己的事，甚至顾不上看客人一眼，更是不礼貌的行为。

送要有送的语言，要说“再见，欢迎您下次再来”“慢走”等礼貌用语。送也要有送的姿态和行为，当客人带有较多或较重的物品，秘书应帮客人代提重物。与客人在门口、电梯口或汽车旁告别时，要与客人握手话别。秘书要以恭敬真诚的态度，笑容可掬地送客，目送客人上车或离开。

秘书在送来访者离开时应注意以下几点：

（1）主动帮助宾客确认并拿取所携带的行李物品，并帮助宾客小心提送到车上。

（2）根据客人身份的尊贵程度，将客人送至电梯间、公司大门口或直至将客人送上车。

（3）送客人到电梯时，要为客人按电梯按钮，在电梯门关上前道别。

（4）秘书人员和上司一起送客时，要比上司稍后一步。

（5）安放好行李后，向宾客作一下交代。

（6）要施礼感谢光临和致告别语，如“祝您旅途愉快，欢迎下次再来!”、“祝您一路平安，同时希望我们合作愉快!”等。

（7）帮助宾客关车门时，不能太重，也不能太轻。

（8）车门关好后，不能马上转身就走，而应等宾客的车辆启动时，面带微笑，挥手告别，目送车子离开后才能离开。

三、接待未预约来访者的工作程序

接待未预约来访者的基本工作程序如下：

（1）面带微笑主动问候来访者。

（2）当了解到对方与被访者没有预约时，仍以欢迎的态度礼貌友好地接待，为其服务。

（3）联系有关部门或人员，看被访者或其他人员，是否能接见来访者。

（4）如果被访者当天可以接见，按照接待预约客人的工作程序进行。

（5）如果当天确实不能找到适当的人与来访者见面，要立即向来访者说明情况，切忌让客人产生“等一等还有希望”的误解，以免浪费双方时间，使自己更被动；主动请来访者留言，并向其保证尽快将留言或预约递交给被访人。

（6）如被访者虽有时间，但不想接见采访者。秘书可视情况而定，是直接告诉来访者不能接见的原因，还是以被访者没有时间接见或不在公司等为借口，告诉客人被访者不能接见，以免客人不悦。

对于以下这些来访者，秘书应该谨慎对待：

（1）固执任性的来访者。有些来访者不听任何解释，胡搅蛮缠非见领导不可，甚至出言不逊，秘书也应该毫不妥协（但要注意礼貌）地反复进行解释，并建议对方留言或写信给领导，领导看到会作相应的处理。

（2）进行威胁的来访者。如果来访者对秘书进行威胁，你可以悄悄地告诉领导或单位保安部门，千万不要与蛮横无理、可能带来危险的来访者产生直接冲突。

（3）情绪激动的来访者。有时候来访者由于各种原因情绪激动。秘书一定要保持冷静，语气平缓地与对方交谈，切勿与对方发生冲突。

四、外宾接待的程序

外宾接待工作不是简单的交际和应酬，而是一项政治性、政策性都很强的工作，必须按照严格规定程序进行：

（1）接待前应做好充分的准备工作，包括了解上级意图，了解外宾的有关情况，并据此订出接待计划，准备各种有关资料，做好各方的联络。重要外宾的接待计划应报请上级批准。

（2）迎接工作，应根据外宾的身份，对等安排有关领导和人员去迎接，并安排好车辆和宾馆，重要接待有时还要安排备用车辆随行。

（3）接待负责人与外宾商谈活动日程安排。安排外宾的日常生活，应根据各国习俗，要注意尊重不同的生活习惯。

（4）对重要外宾，要安排专门会见。会见时，主人应先到达会见地点迎接客人。引见介绍后，按序就座。会见完毕，主人应送客人到门口或上车处。

（5）宴请，要按照外事工作的规定、外宾的情况，确定宴请的规模、菜单、席次和陪客人员。

（6）参观游览，要在接待计划中先行安排，包括参观游览的路线、活动具体内容等。

（7）礼品和交换的纪念品要事先研究，应根据不同对象来确定。客人重访时，礼品可作相应变动，不要重复。

（8）对重要外宾的接待，应根据情况作适当的新闻报道。如有必要，可将报纸的报道内容剪下（地方报纸不对外，不能全送），与访问时的留影一起装订成册，赠给外宾。

（9）做好安全保卫工作，特别是重要外宾，事先应和公安、交通、外事等部门联系好，以确保外宾的安全。

（10）当外宾抵离国境时，接待人员应协助外宾办理出入境手续。

秘书接待外国客人时，需注意：

（1）态度应不卑不亢、热情大方。

（2）遇到身体不适，尤其当患有易传染的疾病时，如感冒咳嗽、打喷嚏和发烧等，不可带病参加活动，以免引起外宾反感。

（3）严格遵守时间，不迟到、早退或无故缺席；否则须事先向主办单位负责人或外宾说明情况及理由。

（4）参加接待活动前，秘书不要吃大蒜等有强烈辛辣气味的食物，以免带有口臭。

（5）在外宾面前，举止要文雅，不要抠鼻、张嘴剔牙、挖耳、伸懒腰、哼小调等。尽量不要打哈欠，打哈欠时，动作要尽可能隐蔽，不可大张着嘴，发出响声。打喷嚏时，应转开身子或偏转下脸，用手帕捂住嘴，避免发出大声。在外宾面前不可高声喧哗，走路不要勾肩搭背。遇事可加快脚步，但不要慌张奔跑。夜晚走路脚步要轻，开门关门要轻。

（6）在公共场所，不要随地吐痰，应吐在纸巾或手帕里，用过的手帕不可打开来看。不要随地扔瓜皮果壳，应扔到废物箱内或自带的纸袋、塑料袋内，然后再扔进垃圾箱内。

（7）尊重外宾的生活、风俗习惯，对外宾的服饰打扮、形貌、动作、表情等不要评头论足，更不可讥笑或做出怪异表情。

（8）遇到熟悉的外宾，要主动友好地招呼致意。看到外宾失足跌倒，应迅速上前扶助，不要无动于衷，更不可讥笑。

（9）与外宾用餐，不要狼吞虎咽。咀嚼和喝汤时不要发出响声。喝酒时，严格控制酒量，如喝酒易脸红，应改喝饮料。

（10）不要私自接受外宾的礼品，更不能暗示外宾送礼。

五、团体接待的程序

1. 了解来宾的基本情况

包括所在单位、姓名、性别、职务、级别、一行人数以及到达的日期和地点。

2. 制定接待方案

将来宾情况和意图向有关领导报告，并根据对方意图和实际情况，拟出接待计划和日程安排的初步意见，一并报请领导批示。

3. 准备物料和礼物

如来宾要进行参观学习，则应根据对方的要求，事先安排好参观点，并通知有关部门或单位准备汇报材料，组织好有关情况介绍、现场操作和表演、产品或样品陈列等各项准备工作。秘书应根据来宾的风俗习惯、禁忌和喜好选择礼物或纪念品。应能体现民族特色和地方特色，有纪念意义但经济价值不必过高。

4. 安排食宿行

根据接待规格和来宾的身份、人数、性别、对方具体要求，通知具体接待部门安排好住宿；团体饮食一般以酒店自助餐为主，接待方往往安排一到两次的正式晚宴，因此要事先根据接待规格和人数，确定宴请的时间、地点、席数和标准，点菜时要注意饮食禁忌。接待活动中应根据实际工作需要，预先安排好接送车辆，确保出行顺利。

5. 迎接来宾

安排好来宾用车和接待工作用车。根据来宾的身份和抵达的日期、地点，安排有关领导或工作人员到车站、机场、码头迎接。第一次见面，迎接时要准备好接站牌，竖起醒目的标志。客人到达时，迎接人员应主动上前握手问候，并作自我介绍，待双方自我介绍后，再陪同客人乘车前往住处或预定地点。

6. 商议日程

来宾到达并住下后，双方商定具体的活动日程，尽快将日程安排印发有关领导和部门按此执行。

7. 宴请

秘书在宴请前应充分了解客人的风俗习惯，坦率地询问客人的喜好和禁忌，以便根据实际情况安排菜单。

8. 会见会谈

秘书应根据日程安排做好会见会谈的准备工作并提供现场服务，如布置会议室、排定座次、合影安排、发言材料、产品陈列、操作展示、茶水服务等。来宾如有重要身份，或活动具有重要意义，则应通知有关新闻单位派人进行采访、报道，负责介绍情况，安排采访对象谈话，并受领导委托对稿件进行把关。

9. 陪同参观游览

根据领导指示或来宾要求，作好游览风景区和名胜古迹的安排。在条件许可的情况下，为来宾安排一些必要的文化娱乐活动，如电影、地方戏剧、晚会、书画活动、参观展览等。根据来宾要求，安排好体育活动，通知体育场馆作好场地、器材等准备，并安排陪同人员。秘书应陪同、介绍，并负责交通、餐饮、联络等工作。

10. 互赠礼物

11. 欢送客人

事先征询来宾意见，预订、预购返程车船或飞机票。来宾离去时，安排有关领导或工作人员到住地或去车站、码头、机场为客人送行。

12. 善后工作

接待工作完毕后，要整理文件和物资、结算经费、撰写接待总结等，并及时向上司汇报接待情况。

第四节　接待规格与接待计划

案例

新加坡国浩房地产开发有限公司是一个集房地产开发和投资咨询服务为一体的综合型集团公司。公司创始于1996年，历经十几年的探索和发展，已经成为门类齐全、资产规模数亿元的大型企业集团。目前其旗下控股公司有新加坡佳德地产咨询有限公司、新加坡金润贸易有限公司、新加坡美佳广告有限公司，另有三家房地产开发公司。新加坡国浩集团现有员工近400人，本科以上学历员工比例达到90%以上，其中具备各类专业中高级以上技术人才100多人。新加坡国浩地产通过公司特有的人文经管理念，已形成了一个积极向上、勇于开拓、稳定的公司团队。该公司与本公司有长期的合作关系，此次来访是为了更好地促进双方发展，加强科学技术的交流。作为秘书，你觉得该怎样做，才能做好本次的接待工作。

案例分析

接待来访团体，与日常接待相比较，时间长、涉及人员多、工作内容多，来访客人要求相应也多，因此秘书必须提前要做好接待前的准备工作：了解来访人员的具体情况，制定接待方案；安排好来访团体的住宿、交通、行程及参观娱乐活动。

一、收集来宾信息

要成功接待来访团体，首先要了解来访人员的基本情况、来访目的、抵离的时间和日程安排，以及其他背景材料。获取信息越多、越真实，据此做出的接待方案才更具有针对性，接待工作才能取得成功。

1. 了解来宾基本情况

来宾的基本情况包括：所在国籍、具体单位、此行目的、来访天数、一行人数、到达的日期和地点，以及每个成员的姓名、性别、年龄、职务、级别、民族、宗教信仰、风俗习惯、健康状况等。

2. 来访目的

了解来访目的，接待才更具有针对性。应根据所获得信息，全面分析、判断来访者的真实目的。

二、确定陪同人员名单

根据来宾的工作任务，事先拟订出各个活动项目的陪同人员名单，报请领导批准后，立即通知有关人员不要外出，并做好各方面的准备工作。要坚持陪同人员“少而精”的原则，尽量降低接待成本，并尽可能不影响本单位日常工作的正常进行。

三、接待方案的内容

重要的接待一般应事先制定接待方案（计划），避免接待工作中出现漏洞，减少失误和不必要的疏忽，使接待工作顺利进行。接待方案主要内容包括：接待方针、确定接待规格、日程安排、经费预算、工作人员。

1. 接待方针

接待方针即接待工作的指导思想，应根据来访者的目的、对我方的态度和双方关系来制定。对于寻求合作、来访目的友善、双方关系友好者，接待方针应热情友好；对别有用心、来访目的不纯、双方关系微妙者，接待方针应坚持礼貌原则，不卑不亢。

2. 确定接待规格

根据来访者中的最高职位者，明确本公司由哪位高层管理者主陪以及其他陪同者、住宿、用车、餐饮的标准等。

（1）接待规格的种类

接待规格是以陪同领导的角度而言的。接待规格决定了其他的人员、日程安排及经费开支，包括谁到机场、车站迎接、送别，谁全程陪同，宴请的规格、地点，住宿的宾馆等级、房间标准等，这些都受到接待规格的制约。接待规格过高，影响领导的正常工作；接待规格过低，影响与交往对象的关系，所以确定接待规格时应慎重全面地考虑。

接待规格的最终决定权在上司那里，秘书仅提供参考意见。当接待规格定下来以后，秘书应当把我方主要陪同人员的姓名、身份以及日程安排及行程告知对方，征求对方意见，得到对方认可。接待规格有三种：高规格接待、对等接待、低规格接待。

① 高规格接待

主方主要陪同人员比主要来宾的职位、级别高的接待，就是高规格接待。如公司副总经理接待上级单位派来了解情况的工作人员或接待一位重要客户的部门经理。高规格接待表明对被接待一方的重视和友好。

② 对等规格接待

主方的主要陪同人员与主要来宾的职位、级别相当的接待，就是对等规格接待。这是最常用的接待规格。

③ 低规格接待

主方的主要陪同人员比主要来宾的职位、级别低的接待，就是低规格接待。这种接待规格常用于基层单位，比如上级领导到下属企业视察，下属企业的最高领导的职位也不会高于上级领导，这就属于低规格接待。

（2）接待规格的确定

在一般的公务活动中，采用最多的是对等规格接待。有时为了某些需要，可以根据具体情况调整接待规格。这就要求秘书首先要了解客人的身份，向领导请示或建议由谁来出面接待最合适。影响到接待规格的因素主要有以下几点：

① 来访者的身份。一般来讲，主方接待人员的身份应当同来访人身份相当，或高于对方。如果无法做到对等规格接待，应该提前告知对方，并致以歉意，询问是否同意安排其他职位稍低人员接待。

② 双方的关系和利益。双方的关系和访问事项所涉及的利益，是决定由谁出面会见的重要依据。双方关系密切且事关重大或我方非常希望发展与对方的关系时，可以

派出身份较高的领导人出面会见，即高规格接待。反之，也可以低规格接待对方。

③ 对方的会见要求。有时对方主动提出会见某某领导人的要求，如无特别原因，应尽量满足对方的要求。如果不能满足对方的求见要求，应当作好解释工作。

④ 一些突然的变化会影响到既定的接待规格，如上司生病或临时出差，只得让他人代替，遇到这类情况，必须向客人解释清楚，并道歉。

⑤ 对以前接待过的客人，接待规格最好参照上一次的标准。

3. 日程安排

来宾到达前，秘书就应该将拟定好的接待日程安排表交领导确认后，与对方相关人员确认，双方商讨定稿。定稿后交相关单位相关部门及人员作相应的准备。来宾到达后，如有必要也可将日程安排印发给所有来宾，让每个人都做到心中有数，从而积极配合，提高整个接待工作的效率。

根据来访者的时间长短、来访的目的，安排好每日的活动。日程安排要周到、具体。包括日期、时间、活动内容、地点、陪同人员等内容。日程安排要紧凑、合理。一般以表格的形式列出（表 3 -1）。

表 3 - 1　　四川天一有限公司商务接待日程表

日期	时间	内容	地点
9.9	13：30	办公室主任总接机	成都双流机场
	14：30—15：00	休息	兴盛大酒店接待室
	15：00—16：00	总经理陪同参观	兴盛大酒店
	18：00—19：30	晚宴	兴盛大酒店
	20：00	举办欢迎会，总裁接待	兴盛大酒店三层世纪厅
9.10	8：30—11：30	由总经理带领外宾考察	兴盛商城、四川天一有限公司
	12：00—13：00	午餐	兴盛大酒店
	14：30—17：30	双方开会交流，探讨合作事项	兴盛大酒店会议室
	18：00—19：00	晚宴	兴盛大酒店
9.11	7：30	签约	四川天一有限公司会议室
	8：30—11：00	游览都江堰	都江堰
	12：00—13：00	品尝风味小吃	成都
	13：30—16：00	总裁、总经理陪同外国友人打高尔夫球	成都高尔夫球场
	16：00—17：30	休息	成都高尔夫球场
	18：30—20：30	举行欢送晚宴	兴盛大酒店
9.12	9：00	总裁、总经理送来访人员登机回国	成都双流机场

4. 经费开支

方案中应对接待经费的来源（接待方全额提供、客人自理、双方共同担负）和支出作出具体说明。力求从简务实、反对铺张浪费。接待经费列支包括：①工作经费：租借会议室、打印资料等费用；②住宿费；③餐饮费；④劳务费：讲课、演讲、加班等费用；⑤交通费；⑥参观、游览、娱乐费用；⑦纪念品费；⑧宣传、公关费用；⑨其他费用。

5. 工作人员

重要团体来访，秘书一个人无法完成所有接待前的准备工作，必须根据接待规格和活动内容组织一定数量的工作人员负责来访前的准备工作、接待期间的联络沟通、协调服务工作等。

四、安排来访团体的住宿、交通、行程

在接待规格确定下来以后，根据公司的规定、客人的身份以及客人的具体需求，确定餐饮、住宿、用车标准。如客人的要求是超标的，秘书须向上司汇报，由上司做出决定。

1. 预定住宿宾馆及房间

（1）选择宾馆考虑的因素：交通是否便利；档次是否合适；环境是否安静优雅。可选择熟悉的服务较好的宾馆。

（2）安排房间考虑的因素：主宾安排套间，朝向、楼层好；一般人员安排标准间。

2. 安排用餐

接待来访团体用餐，一般选择在住宿宾馆或离宾馆较近的用餐地点。接风和送行需要正式的宴请。秘书需提前作好准备，可列表安排（表3－2）。

表3－2 宴请安排表

	最佳选择	考虑因素	备注
时间	晚上为多	晚上时间充裕不影响工作	
地点	中高档餐厅（包间）	1. 主人、宾客身份 2. 宴请的事由 3. 宴请的规模 4. 环境优雅、安静 5. 主宾和客人的宗教信仰和习俗	
人员	主人和主宾 陪同人员	1. 宴请的目的 2. 主宾的身份 3. 公司惯例	
桌次、座次	事先安排：突出主陪人和主宾	1. 主桌为中心 2. 桌次以距离主桌远近确定高低，近者高，右为上。	

表4－2(续)

	最佳选择	考虑因素	备注
菜单	合理搭配 数量： 桌上人数＋1菜＋1汤	1. 荤素搭配 2. 客人口味及习俗 3. 档次搭配 4. 费用开支	1. 饮料、酒水、香烟、服务费用及餐饮折扣等，及时调整。 2. 菜单确定好后，要请上司过目。
请柬	正式宴请要发请柬		

3. 拟定行程

根据来访者的目的和需求、安排好来访团体的行程。详见接待方案内容中的日程。

4. 交通用车

根据实际工作需要和来宾需要，安排好整个接待期间的工作用车。每次外出要认真检查车况、路况，确保交通安全。若是外宾，还要通知公安部门做好外事安全保卫工作。

5. 安排来访者的娱乐活动

在条件许可的情况下，为来宾安排一些文化娱乐活动，如电影、地方戏、歌舞剧、舞会、卡拉OK、书画活动之类。注意活动内容既要丰富多彩，有吸引力，又要健康向上，有利于陶冶情操。可以根据来宾的生活习惯和要求，适当安排一些体育活动。要事先通知有关体育场（馆）作好场地、器材等准备，并安排陪同人员。要注意避免运动量过大的体育项目，保护来宾的身体健康，并做好安全防范工作，避免意外伤害。一般可选择保龄球、室内游泳、台球、乒乓球、高尔夫球等活动项目。如果客人是初次到本地来访，一般都会安排游览本地区的著名景点。

6. 安排领导拜访来宾

选择合适的时机，按照大体对等的礼仪原则，安排有关领导到来宾下榻的宾馆、饭店去看望客人，作礼节性的拜访。要事先安排好陪同人员，认真听取来宾对接待工作的意见和建议，回来后认真落实。注意拜访时间不宜过长，控制在20～45分钟，不宜过多占用来宾的休息时间，时间也不宜过短，以免产生“走形式”之嫌，让人感觉缺乏诚意。

7. 安排好接站及返程票的预订、预购

根据来宾身份及抵离日期、地点、安排有关领导和工作人员到车站、机场、码头迎送。迎客时应提前15分钟到达。可事先准备好“接站牌”或手提扩音喇叭等。预订、预购返程车票、机票、船票时，应事先征询来宾意见。

8. 安排好会谈、参观等事宜

根据来宾的工作任务安排好会见会谈、参观考察等事宜。要充分做好准备工作并提供现场全程服务。比如做好会谈室布置、座次安排、茶水、纸笔、产品、样品、陈列、讲解、现场操作表演、有关情况的书面材料等各项准备工作。

（1）明确参观目的

来访者的目的即参观的目。如对方是为了引进某个项目而来访，就安排其参观的应为相关的设备、厂房、实验室等。

(2) 安排参观内容

参观内容应符合下列要求：①有代表性的内容，能够满足来访者的基本要求。②不会影响正常的工作及生产。③不会泄露核心机密。

(3) 安排新闻报道工作。如果来宾有重要身份或活动具有重要意义，特别是重要的外事活动，应该通知有关新闻媒体派人进行采访、报道，负责介绍情况、安排采访对象谈话等，并受领导委托对稿件进行审核、把关。如是外事活动，新闻稿件还必须经外事部门审查。

9. 安排好送行事宜

来宾离去时，应安排有关领导或工作人员为客人送行。可以提前去客人下榻的宾馆、饭店送行，也可以去车站、机场、码头为客人送行。若是外宾，有时还要举行饯行宴会。也有宾客出面举行答谢、告别宴会的。不论是哪种宴会，主人都应提供良好服务。要注意的是，送客与迎客同等重要，应善始善终，切忌虎头蛇尾，这样才能给客人留下良好印象和美好回忆，为今后进一步合作打下良好基础。

练习题

1. 秘书如何做好接待准备工作？
2. 秘书接待工作的原则是什么？
3. 日常接待的程序是什么？
4. 秘书如何做好团体接待工作？
5. 接待方案包括哪些内容？
6. 接待的礼仪有哪些？
7. 接待中的介绍礼仪包括哪些？
8. 接待中的乘车礼仪包括哪些？
9. 预约接待工作程序是什么？
10. 未预约接待工作程序是什么？
11. 团体接待需注意哪些问题？

实训题

实训项目一：接待准备工作

(1) 实训准备：接待的环境、物质、心理与知识准备；接待设备、用品、家具、心理接待的原则；接待人员。

(2) 实训目的与要求：通过训练，了解接待工作的基本原则，掌握接待准备工作的方式与方法。

(3) 实训方式：两人为一组模拟接待工作的相关准备工作；多人为一组模拟接待工作的相关准备工作；同学之间相互评论；老师评论总结。

(4) 实训提示：环境准备在上一次接待完来访者后就完成。接待人员应在平时的工作过程中注意自己的言行，并把握接待原则，了解单位的相关制度。接待用品的计划、选择与放置。

13. 实训项目二：制订接待计划与实施

(1) 实训目标：通过训练让学生了解掌握团体接待工作，制定接待计划。

(2) 实训内容：宏达集团公司王副总一行5人，2012年11月20日10：00来四川天一有限公司检查工作。检查两天，22日上午10：00返回北京，请从分公司的角度演示整个接待过程。

(3) 实训要求：①小组可以根据所给的材料，适当地增加角色与情节。②小组要制作成套的接待材料，如接待的工作安排、接待日程、接待计划等。③老师根据学生的演示，总结团体接待需要注意的事项。将学生的演示情况与上交的材料综合打分，记入学生的平时成绩。

案例分析题

案例分析一：不速之客

今天是星期一，上午来公司的客人特别多，一波接着一波，前台秘书们忙得不可开交。终于到了中午吃饭时间，资格最老的秘书李姐利索地作了一下工作安排：今天中午秘书小王值班，其他同事去食堂吃饭休息。小王把饭打回，想着赶紧吃完饭，上午人那么多，真是累死了，自己也得休息一下。正在她低头吃饭的时候，听见轻轻敲桌子的声音。小王抬头一看，一个五十岁左右的中年人，穿着一件普通的夹克衫，夹着一个黑色的公文包，正在敲前台的桌子。小王就有点不高兴，心想，这人真没礼貌，没看见我在吃饭吗？敲什么敲！所以屁股也没抬，面无表情地问："请问你有什么事？"来人说："对不起，耽误你吃饭了。请问张总经理在吗？我想见他。"小王说："现在是中午休息时间，你有预约吗？"来人回答说："之前没来得及。"小王心想看他的样子，说不定是来推销东西的。就说："我们总经理不在，请你下次预约再来吧。"那人说："你打电话问问，说不定他现在回来了。"小王面露不耐，说："不在就是不在，请回吧。"来人说："怎么这样呢？那我可就回去了。"这位客人走后，中午再没客人来，小王吃完饭后，美美地小睡了一会儿。下午1：00正式上班后，前台秘书们又开始忙碌起来。大约下午1：30左右，总经理秘书张丽打电话到前台，询问中午是否来了一位深圳的客人，他是总经理非常重要的客人，现在人在哪里。李姐叫小王接电话，因为中午是她值班。小王告诉张丽说："中午是来过一个客人，是不是深圳来的忘记问了，因办公室没提前打招呼，她也不知道来人是总经理的重要客人，觉得那个客人像是推销东西的，又没预约，所以就让他回去了。"张丽说："那可麻烦了，今天下午深圳亨达公司的总经理秘书打电话过来询问他们老总到了没有，说他们老总是到这边开会，顺便过来找我们老总再谈谈深圳那边合作项目的事情，所以他们老总没让提前打招呼，说自己过来就行了。现在人走了，这怎么向总经理交代?”小王一听也傻了眼。过了几天，小王被停职去参加培训，因为公司认为她要学的东西还很多。根据以上资料回答下面问题。

(1) 小王秘书在前台值班时犯了怎样的错误?

(2) 小王应该怎样接待这个中午休息时间过来也没预约的客人?

(3) 被小王冷落的客人会怎么看待小王所在的公司?这会影响两家公司之间的合作吗?

案例分析二：秘书为何挨批

一天，两位来访客人走进四川天一有限公司办公室时，王秘书正在复印一份文件，他向客人点点头，并伸手示意请客人先坐下。将文件印完整理好，10 分钟已经过去了，他起身端茶水给客人，询问客人来访事由。客人要求见人力资源部经理，王秘书电话联系得知经理出去开会了，客人又提出见行政部经理，王秘书想将印好的文件送去，对客人说：“请稍等，我去看下经理在不在。”王秘书将文件送去，经理又交代了几件事，10 分钟又过去了。王秘书回到办公室对客人说行政部经理也不在，请客人改日再来。客人面有不悦，起身告辞，王秘书在办公桌前起身向客人道别，目送其走出办公室，又开始忙其他事宜。办公室主任听说后，对王秘书进行了批评。

思考与分析：

(1) 王秘书错在哪里?

(2) 假如你是王秘书，如何接待客人?

案例分析三：经理的“同学”

四川天一有限公司秘书李静正在接待一位有预约的早到了四十分钟的客人，办公室小王又送来经理要的文件，这时，李秘书看到门外一位西装革履的男士，正往里面走，李秘书连忙叫住他：“您好！请问找谁?”“我找王总，我是他同学!”他一面说，一面走。李秘书因忙着手里的事情，没多想，就让他进去了。结果，李秘书被上司狠狠训斥了一顿，那个“同学”是来推销保险的。

思考与分析：秘书为什么会被训斥?他应该怎样做?

第四章　文书处理与档案管理工作

本章学习要求：

文秘人员收发传递处理文书的工作，又称“走文”，是秘书“办文”工作中的一项重要内容。“写文”产生的作用，靠“走文”才能发挥，因此，文书的收发传递处理工作必须规范化。文秘人员对文书处理的好坏，能够直接影响领导的工作与单位工作进度，直接反映出文秘人员的基本素养与专业素养，因此文秘人员应在平时加强办文能力的规范化，加强写作训练，提高写作能力；同时档案管理工作是办文的基本要求之一，它直接影响着机关工作的效率和质量。如果档案管理工作没有处理好，容易造成文件丢失、漏办、积压、脱节、混乱，直至造成重大失误。因此，通过本章学习，要求学生能够掌握：文书处理的收文与发文程序；文书处理的方法；文书立卷的归档方法；能够对编排的档案正确编目，能运用所学的“办文”知识完成日常工作。

第一节　文书的撰写

案例

1982年7月7日国务院常务会议通过了《工商企业登记管理条例》，请根据本次会议拟发一份通知。

国务院关于发布《工商企业登记管理条例》的通知

国发［1982］16号

各省、市、自治区人民政府，国务院各部委，各直属机构：

《工商企业登记管理条例》已由1982年7月7日国务院常务会议通过，现发给你们，望贯彻执行。

工商企业登记管理，是国家对工商企业进行行政管理的一项重要措施。它对贯彻以计划经济为主、市场调节为辅的方针，保障企业从事合法经营，取缔非法活动，维护社会主义经济秩序，促进社会主义建设，都有重要作用。望各级人民政府重视并加强对这一工作的领导。各有关部门也要积极配合工商行政管理部门，共同做好企业登记管理工作。工商行政管理部门要通过企业登记，全面建立起工商企业登记档案制度，为社会主义经济建设提供有关的准确数据和资料，并对企业生产经营活动进行有效地监督管理。

国务院（印）

一九八二年八月九日

这是一则常见通知，本则通知包涵了标题（国务院关于发布《工商企业登记管理条例》的通知）、发文机关标识（国务院）、发文字号（国发［1982］16号）、受文者（各省、市、自治区人民政府，国务院各部委，各直属机构）、正文及落款等公文的基本要素。

文书的撰写工作包括结构、标记、格式和文体四个部分。

一、公文的结构

1. 发文机关标识

发文机关标识是表明公文作者的标志，作用在于表明公文的责任者，显示公文的权威性与郑重性。通常有两种形式：一是作为文头（又称版头），多采用大号字体套红标识于公文首页上端，由发文机关的全称或规范化简称加“文件”二字构成；二是作为署名，用黑色字体将发文机关的全称或规范化简称标于公文末页的落款处。联合行文时，主办机关排列在前。

2. 发文字号

发文字号是发文机关对其所发的公文依次编排的顺序号码。发文字号作为专指性很强的文件代号，为检索和引用文件提供便利，同时也便于对文件进行统计和管理。发文字号由发文机关代字、发文年份（外加方括号）和发文顺序号构成，如国办发［1998］28号，意为该文件系国务院办公厅1998年所制发的第28份文件。发文年份应写完整，发文顺序号按该年份发文的先后顺序采用大流水的方法依次顺序编写，不得出现重复或漏编的现象。一份公文只有一个发文字号，联合行文时只标注主办机关的发文字号。

3. 签发人标识

签发人标识是在公文正文签注代表机关最后核查并批准公文向外发出的领导人的姓名，一般只用于上行文。签发在公文正本首页标题之下、正文之上靠右的位置。其中“请示”还应当在附注处注明联系人的姓名和电话。

4. 公文标题

公文标题是标明某一文件主要内容的概括性名称。一般由发文机关名称、事由和文种三部分构成。撰拟公文标题时，在发文机关与事由之间通常用介词“关于”、“对”连接，在事由与文种之间用助词“的”连接。事由应当准确简要地概括公文的主要内容。文种要准确。

5. 题注

题注是对标题的注解和说明。题注的写法是在公文标题之下标注如下字样：“××××年××月××日××××会议通过”或“××××年××月××日××××会议批准”。

6. 受文者

受文者是指收受公文的机关名称。通常分为两种：一种是主送机关，即对公文负责办理或答复责任的机关；另一种是抄送机关，即只需要执行或了解公文内容而不承担办理或答复责任的机关。

7. 正文

正文是公文的主体部分，用于阐述具体内容，表达发文意图，使受文者对文件所传递的信息获得具体、明确的认识。正文的内容一般要求做到一文一事，正文的结构通常包括开头、主体、结语三部分。公文语言应当使用现代汉语比较规范的书面语言。

8. 附件说明

附件指附属于公文正件的其他公文或材料，可分为两类：一种是与公文正件具有同等效力的附件，其作用在于进一步补充和完善公文正件的内容；另一种是在公文正件中已申明仅供参考而不具备现实执行效用的附件，其作用在于为受文者正确理解和执行公文正件提供参考数据。附件说明指为附件所做的标记，用以注明附件的顺序和名称等，以便查阅和保护附件，防止附件散乱、丢失。

9. 附注

附注是对文件内容或有关事项、要求的注解与说明。为使正文集中表述主要内容，一些不便在正文中直接解释、说明的名词术语或公文的阅读范围、使用方法等，通常在注释中加以注解。公文如果有附注，应当加括号标注。

10. 成文日期

成文日期是形成文件的确切日期。通常以领导人签发的日期作为公文的成文日期；联合行文时，以最后签发机关的领导人签发的日期为准；经会议讨论通过的公文以会议通过的日期为准；电报以发出日期为准。一般情况下，公文开始生效的时间是以成文日期为准的，但有些正文中明确规定具体生效或开始执行日期的规范类文件除外。成文日期要求用汉字写全具体的年、月、日。

11. 公文生效标识

公文生效标识是证实公文作者的合法性、使公文生效的凭据。公文生效标识分为两种形式：其一是印章，指作为机关公文权力象征的图章；其二是签署，指有权签发公文的领导人亲笔在公文正本的落款处签名（或代以签名章）。

二、公文的标记

1. 主题词

主题词是用于揭示公文主要内容并经规范化处理的词与词组。主题词的标引应将以公文内容为特征的主题词写在前面，表明文种的主题词写在后面。上行文按照上级机关的要求标注主题词。

2. 印发说明

印发说明是对公文印刷、制作、发出情况的介绍与解说。其作用是明确公文印制质量、时限的责任归属，使受文者了解公文制发过程，为其直接与承印、承发单位联系提供便利。

3. 公文格式分类代码

公文格式分类代码是表明每份公文格式在整个国家或行业标准文件格式系统中的类别归属及注册顺序的代码。

4. 份号

份号是对根据同一定稿印制的若干份公文依次编制的顺序代码。

5. 密级标识

密级标识是表明公文保密等级的标识符号，涉及国家秘密的公文应当标明密级和保密期限，按涉密程度分别用汉字标明“秘密”、“机密”、“绝密”等字样，其中“绝密”、“机密”的公文，还应当标明份数序号。

6. 紧急程度标识

紧急程度标识指表明对公文（包括电报）送达和办理的时限要求的标识符号。依紧急程度分别用汉字标明“急件”、“特急”。

7. 收文印章

收文印章是收文机关为便于管理，收到公文后在首页右上端加盖的戳记。具体包括：收文机关全称、（收文）编号和日期、存档号。

三、公文的格式

为了维护公文的严肃性、法规性，对公文中所有结构和标记的组成方法，有明确的标识规则。行政机关的公文参照《国家行政机关公文格式》执行。

四、公文的文体

公文撰写应当做到：情况确实，观点明确，表述准确，结构严谨，条理清楚，直述不曲，字词规范，标点正确，篇幅力求简短；文体以说明、叙述和议论的表达方法为主，排斥描写，尽量不抒情；语言应当采用现代汉语书面语言，可以有通行的口语，不用俗语和土话；文体力求庄重规范。

第二节 文书的收发传递和处理

秘书收发传递处理文书的工作又称“走文”，是秘书“办文”工作中的一项重要内容。“写文”产生的作用，靠“走文”才能发挥，要做好文书工作，秘书人员必须规范文书的收发传递处理工作。

一、发文的处理程序

1. 草拟

草拟是秘书接受领导的收文意图之后，严格按照领导意图进行草拟公文的过程。草拟也是指撰文秘书接受任务后，搜集有关信息资料、了解情况、酝酿构思、拟制起草提纲以及撰拟文稿的工作。

2. 审核

审核是指机关秘书部门或负责拟稿的业务部门的负责人对所拟文稿的审核过程。这是关系到文件质量的关键环节。核稿也是秘书发文的关键环节之一，一般由秘书部门中指定有经验的、思想业务水平和文字水平都比较高的秘书负责，所以也叫“把关”或“把口”。

核搞必须认真负责、全面细致。审核的重点内容是：一看有无发文的必要；二看用什么名义和格式行文，是否符合规范要求；三看文件内容是否符合党的方针、政策和国家的法律、法令规定，是否符合“一文一事”的规定；四看提出的要求措施是否明确具体、切实可行；五看涉及有关部门或单位的问题是否协商一致；六看文字是否通顺、准确、简明。

3. 签发

签发也是文书形成的一个重要环节，只是签发人不是秘书，而是有权签发的领导。签发人对要签发的文书要全面负责任，所以签发之前必须认真审核。

4. 复核

公文正式印刷前，文秘部门应当进行复核，重点是：审批、签发手续是否完备，附件材料是否齐全，格式是否统一、规范等。这实际上给秘书部门对文书的又一次把关的机会，也增加了秘书部门对所发文书的责任。复核的重点在于文书的形式和程序。

5. 缮印

缮印是对经复核没有问题的定稿进行技术加工，制作文书的正式的过程。秘书对缮印要做到准确、清晰、整洁、规格统一、印刷及时。要对原稿负责，如发现有疑误，应与核稿人员研究，不得擅自改动。每件公文必须对文号、标题、主送机关、抄送机关、成文日期、文件印刷份数、页码、正文、标点，都要认真细致地进行校对。末页应尽量避免无正文现象，如无法避免，应注明“此页无正文”。发出的文件必须加盖机关印章。

6. 用印

国家行政机关的公文，在制发中一般都要经过盖章这一环节。与签发相对而言，盖印也是一个重要标志，是正本生效的标志。用印的文件，要以原稿上领导人签发为准，无签发不得用印。领导签发的定稿，不是正式发出的正本。也有少数发文极少的、针对性很强的文书。如办理某件具体事项的回函、批复，以领导签发的定稿为正本，盖印后复制留存本，正本发出。文书印章盖在正文落款处，叠印在发文机关和日期上。要注意：①印章名称要与发文机关名称一致，否则要加以说明。② 印章字迹要清晰，印章要端正。位置要准确。一般落款印要“骑年盖月”。③ 印章只盖在所有公文正本上。

7. 登记

登记是指根据本机关文书处理的具体要求与发文数量、分发的具体情况，对发出的公文采取簿式、卡片式、联单式或活页式的登记方式。登记项目，一般应包括：发文字号、发文日期、文件标题、保密等级、发往机关、附件、份数、承办单位、案卷号等，如果是回复对方的文书，还需注明收文编号。对发文进行认真的登记，是文书管理、查考的重要基础。

8. 分发

分发是指对撰制登记好的文书封装、发出的过程。分发是一项细致的工作，是将向外发出的文书信函进行封装、发出的过程。分发的程序主要是：①写好文件、文书封套或函件信封。②填好并检查所有封套标记。③检查好发文登记。和收文登记一样，发文也有详细的登记表格。④核对封套与封内文书一致并加封后，按相应的方式发出。

9. 注办

注办是对发出的文书的办理情况作出必要的说明，注明办理结果的环节。注办一般是发文登记内容的一项，是对发文已经发出情况的注明。作用是便于今后查考。

二、收文的处理

1. 签收

签收是收文处理工作的开端。秘书签收文件时要注意三点：第一，仔细查看文件封套上所注的收文机关部门或姓名，是否是本机关，如有误投，应立即退回。第二，将文件封套上发文机关名称、发文机关的文件编发号以及发文机关机要通信号、密级等项目登记在本单位的收文簿上。第三，检查无误后，收件人应认真地在送件人的投递回执清单或送文簿上签名，注明收到日期，然后将文件转送到秘书部门。

签收后就要拆封，亦称启封，是有权拆封的秘书对来文拆剪封套，检查封套内来文的程序。拆封工作应认真对待，除指定专人（即内收发人员）或主管文件工作的机要秘书拆封外，其他人员不得拆封。拆封范围是：封面上标明送本机关、机关办公室（秘书部门）以及机关“负责人”收的所有信件。封面标有具体领导同志名字的，或有“亲启”、“亲收”字样的，一般不得拆封（领导已授权或专门交代的除外）。中文函件处理的一些技术要求：

① 所有来函，不要撕开，一律要用剪刀或启封器，并且一律拆信封正面右边（距贴邮票处远的一边），以便递送和存档。

② 递送的信函，应从下至上，逐层叠放：原函信笺、来函登记卡、原函信封、摘要卡，在左上角找齐，由曲别针夹住递送。如果为函件处理之便，要给上司提供其他参考材料，可以附在最下层送上。

③ 向外发函的信函、信封，要按照固定的规范格式书写。

④ 公务工作和公务往来方面所用信笺，忌折成对角、对插、方巾或其他不规范形式。因为这样有失庄重礼貌。常用的信笺折法有两种：一种是将信纸纵向对折，自折线处再向里卷折 1 ~ 2 公分，然后横向对折一下。此种折法比较普遍。另一种是信笺纵向三等分折，信函中的上款在上。然后横折。有时横折时上款长、下款短，以示敬意。

⑤注意保存原封套的完好，不要损坏封内文件、信件，必要时还应把原封套别在文件或信件后一并处理。

⑥ 文件的秘密等级一般在封套上是标明的，但如果拆封后发现是保密文件，除按规定可以阅读的或领导指定的人阅读外，不再转让他人阅读，拆封人员要负责保管到底。

⑦ 对请示类文件，如无发文机关领导签发或印章，或其他手续不全时，应拒收退回；对不合行文关系的文件，除急件外，一般也应予退回；在处理急件时，应回函告知其行文错处。

2. 登记

秘书对来文登记，在实际工作中有两类登记的用具。一类是收文登记簿、册的形式，主要是来文登记一览表，是将所有来文按照一定的分类标准登记在一起，起总体掌握来文及办理情况的作用。一类是收文登记卡、单的形式，是为每一份来文做一份登记表，起重点表现该份来文办理情况的作用。有的单位两类形式的登记都做，有的只做第一类。无论何种形式，大体内容都是有关公文的来源、内容以及办理情况。具体内容有：顺序号、收文日期、来文单位、封套号、密级程度、发文字号、内容摘要、份数、有无附件、办理时限、拟办情况 、批办意见、承办部门和办理结果。

3. 审核

审核的重点是：是否应由本机关办理；是否符合行文规则；内容是否符合国家法律、法规及其他有关规定；涉及其他部门或地区职权的事项是否已协商、会签；文种使用、公文格式是否规范。审核环节的增加，加重了秘书处理来文的权力和责任，也避免了不该办、不必办的公文流入办文环节。

4. 拟办

拟办是秘书根据来文的具体情况，对来文如何处理，拿出初步的意见，供领导或部门负责人审核决定的过程。秘书对收文进行阅读后，根据文书的性质、内容和有关要求，根据文件的密级、时间要求、阅读范围、来文份数，同时考虑领导人分工、职能部门的职权范围和机关的实际情况，简明扼要地提出初步处理意见。对于秘书来说，“拟办”是在办文工作中体现“辅助管理”职能的重要环节。要做好拟办工作，要注意以下五点：①来文的上、下款是否明确；②来文的主要内容；③提出的主要问题，这些问题是否需要办理；④提出的问题与哪些部门有关系，应由哪个部门主办，由谁批示；⑤来文的办理时限和秘密等级要求。

5. 批办

批办是机关领导或秘书部门负责人针对一份来文应当如何处理而做出的指示性意见，也可以是对拟办情况的肯定或否定。文件的批办工作一般由机关的负责人、秘书长或办公室主任承担。秘书的工作是辅助领导搞好批办环节。秘书要辅助领导对来文做出三项明确的批办内容：①批办意见，包括处理该份来文的原则与方法、负责承办来文事项的部门或承办人、承办的期限要求。②批办时间。③批办领导人签署姓名。

6. 承办

承办是文书处理工作的关键环节，是具体处理文书所涉及的事务的过程。对于一份来文，承办环节也是最重要的，是文中的要求、希望或委托的事务落实的过程，因此秘书要重视承办工作，认真负责地承担办理。

7. 催办

催办是对文件承办工作的检查和督促的过程，这是避免办事拖沓、文件积压，加速文件运转的重要措施。一旦催办有结果，秘书要针对该份文件注明办理结果，并向交办的领导或有关部门回复办理情况，即“办复”。无论是向领导或交办人汇报，还是文字“办复”，办理结果一般要说明在何时由何人主办该事项、办理结果以及是否有遗留问题和有无结论等。

三、公文办理的要求

公文办理阶段是公文发生实际效力的时期，也是行文的目的所在。其效率和质量如何，直接影响着办文的效果，甚至影响着机关工作的效果。因此，秘书人员在办理公文时必须做到：准确、迅速、保密、统一、简便。

1. 准确无误

准确无误是指公文在办理阶段的各个环节上，在内容、方向、方式及其结果方面，应完全符合行文制度和实际情况。准确是对公文办理的首要的、基本的要求，是对公文办理的质量要求。不准确，出现差错、漏洞和失误，不仅会影响办文的质量，而且会影响整个机关工作，有损于机关的形象。因此，公文办理工作必须坚持准确第一，也就是质量第一的标准，做到道道工序规范化。

2. 讲究时效

公文的办理要及时、迅速，讲究时效。这是对办文的效率要求，也是实现机关工作高效化的重要条件之一。要加快公文办理的速度，一要强化时间观念，二要缩短文书的运转周期，三要简化办文程序。

3. 安全保密

公文办理的安全保密有两层含义：一是要保证所经办的文件完整无缺、无损，做到不丢失、不损坏，这就是安全的意思；二是要严格遵守公文管理的保密规定，做到不泄密、不失密，这就是保密的意思。安全和保密是相互关联的。只有严守党和国家的机密，认真贯彻《中华人民共和国保守国家秘密法》和有关保密法规，才能保证公文的绝对安全。换言之，要保证公文的安全，首先就要做好公文的保密工作。

4. 统一管理

公文的办理，包括公文的撰制和保管，都必须由秘书部门集中统一管理。这也是办文的基本要求之一，它直接影响着机关工作的效率和质量。如果不统一，容易造成文件丢失、漏办、积压、脱节、混乱，直至造成重大失误。根据集体领导与个人分工负责相结合的制度，机关和部门的领导者应有专人主管公文的处理，集“签发”、“批办”于一人。要实现公文办理的集中与统一，必须做到管理统一于秘书部门，依据统一于公文法规，生效权统一于主管领导。

四、文书立卷与整理归档

“注办”或“办复”后，秘书部门根据立卷的要求将文件整理归卷。立好的案卷，可按照档案部门的规定，定期向档案部门移交。

1. 文书立卷

文书立卷是指秘书部门将办理完毕的、具有保存价值的一个个零散文件，按照它们内在的联系，分门别类地组成一个或数个案卷。其中每一个案卷都是若干具有共同特征、互为联系、经过系统整理的文件的集合体。立卷包括了三方面的含义：

（1）只有办理完毕的文件才能立卷。办理完毕是指文件处理程序已经结束。例如：请示性的文件在收到复文后即算办理完毕；批复性的文件在复文发出之后，即算办理完毕；对于机关的其他的收文与发文来说，只要完成了公文处理所必经的各个程序，即为办理完毕。

（2）必须是具有保存价值的文件才需要立卷。并非机关所有处理完毕的文件都要立卷，对于那些无查考价值、无需立卷的文件，应根据机关的有关规定与程序予以销毁。

（3）文件立卷必须依照科学的方法与原则进行。所谓科学的方法与原则，主要是指按文件在形成过程中的内在联系及其规律来组成案卷（而不是简单地堆放）。每一个案卷里的文件是某一问题或某项工作活动系统的、有密切联系的文件组合体。一个案卷即能反映某一方面的工作或某项具体问题的处理情况，整个机关的案卷能够全面、系统地反映整个机关工作活动的全貌。

2. 文件立卷的范围

立卷的范围指本机关在工作中或业务活动中形成和使用的、办理完毕具有查考价值的收发文件。从文件的外观形态上看主要包括各类正式文件、会议记录、重要的电报电话记录、图纸照片、录音录像带以及本机关编印的出版物的原稿等。在这里，我们主要介绍对来文的立卷归档。实际立卷工作中，对来文和自己单位产生的文书是随时进行的，只是分别立卷，分别组档。

3. 立卷的步骤

立卷由编目、归卷、组卷、定卷四个步骤组成。

（1）编制立卷类目

编目是指在机关内实际文件尚未形成之前，根据以往机关活动和文件形成的一般规律，对一年内可能产生的文件，按照立卷的原则和方法，拟制比较详细的立卷方案或计划，以指导文件立卷工作。

立卷类目一般由类名和各个条款组成。条款是指按照立卷的要求与方法概括出的一组文件的总标题，也就是预先拟写的案卷标题。条款数量多时，需要分成类，每类之下还可视其需要再分属类。编制案卷类目时，可以先确定分类之后，再拟制各类下面的条款；也可先拟出条款后，再将条款进行分类。

（2）平时归卷

平时归卷是指文件立卷人员依据已编好的案卷类目，将已经处理完毕的文件，随时按类目上的有关条款归入卷内。坚持平时归卷的目的就是防止已办理完毕的文件长期堆积、处于零乱状态或文件私有化。因此，秘书部门要注意向各部门，尤其是领导者手中收集已经处理完毕的文件，随时按照案卷类目条款归卷。平时归卷程序为：

① 做好归卷的准备工作。在上年度底或下一年度初，文书人员（或负责文件收集和积累的人员）按照本机关文书立卷类目条款或文件分类表的终端类名以及这些条款或类名可能形成的文件数量，设置一个或多个卷夹或卷盒。在每个卷夹或卷盒上标明条款名称（类名）、类别、属类、条款顺序号；如果必要，也可以直接或同时标注纯编

号系统，如“1—2—4”等，然后，将其排列在文件柜中。平时已办理完毕的文件，随时就可以将其“对号入座”地归入相应的卷夹或卷盒中。

② 收集文件。平时归卷工作实质上就是对文件进行平时收集和积累。收集文件时应尽量做到齐全完整。对外发文，应在文件发出后将定稿和正文（1~2 份）归卷；对内文件可以结合催办工作做好平时归卷。

③ 认真核查。在收集文件时，应认真检查核实所收集的文件是否是本组织文件立卷范围和计划所要求的文件，对不符合要求的应及时剔除，以免增加文件数量，给平时查找和管理带来不必要的阻碍。

④ 归入卷夹。文件收集到文书部门（立卷部门或承办部门等），经过认真核查确认后，最好能够随即归入相应的条款卷夹（盒、柜）中，进行分类保管。

在平时归卷的过程中，有关某一主题（或问题）的文件已收集齐全完整，已不再产生归卷文件，或者针对一些定期性的、有连号的文件材料如简报、情况反映等，可以先行立卷，这项工作称为“平时立卷”。

平时归卷与平时立卷是两项工作：平时归卷是将同类别的文件归并、汇集在卷夹中，平时立卷是对已符合立卷条件的文件经过系统化整理编目组成案卷的过程；平时归卷是平时立卷的基础，没有平时归卷，平时立卷就无法进行。适合平时立卷的文件类型有：①大型会议文件；②专题系列材料；③可定期收集组卷的文件；④自身独立成册的文件

（3）年终调整定卷

年终调整定卷是指在平时归卷的基础上，把一年来的文件对照立卷类目各条款适当加以调整、拆并，最后确定组卷。

① 调整定卷工作的种类

对文件的调整通常情况下有两种类型：简单调整和全面调整。简单调整，是指对各个条款内的文件进行稍微的局部调整后即可确定案卷的组成。这种方法使用于现行大中型机关，因为这部分组织已经实行文书处理部门立卷制度，有良好的平时归卷工作作为基础。全面调整，是对文件进行彻底的检查，全面考查文件之间的联系，从而确定案卷的组成。这种方法主要适用于文书工作尚未走入正轨或未实行文书处理部门立卷的制度的机关。

② 调整定卷工作的内容

一要检查归卷文件是否齐全完整。根据本机关制定的立卷范围，检查归卷文件是否齐全、完整无缺。二要检查归卷文件的质量，即要检查归卷文件是否正确运用了立卷特征，是否保持了文件之间的历史联系或逻辑联系，保存价值与保管期限是否恰当准确。三要检查卷内文件数量，酌情适当分卷或并卷。立卷计划的一个条款或一个终端类名之下不一定恰好是组成一个案卷的文件数量。四要部门领导复查签字。一般来说，各部门的领导对本部门的工作非常了解，因为他们的职位决定了其必须统观全局，协调指挥。因而由他们来审阅调整后的案卷，往往可以发现那些未能收集到的重要文件，缺什么，补什么，能进一步保证应立卷的文件的齐全完整。签字，表示部门领导对案卷质量负责。

（4）编目定卷

编目定卷是指在正式组成案卷的基础上对案卷进行装订，并进行一系列的编目加要，如编制卷内文件页号、编制文件目录、填写备考表、写案面标题等。在现行组织中，文书立卷的一般程序如下：按照立卷计划进行平时归卷；年终调整定卷；卷内文件的排列与编目；案卷的装订；案卷的排列与编目。

第三节　文书的归档整理与销毁

文书的归档整理是指立档单位在其职能活动中形成并办理完毕，将应作为文书档案保存的各种纸质文件材料，以件为单位，进行装订、分类、排列、编号、编目、装盒，使之有序化的过程。

一、归档的意义

归档是文件向档案转化的标志，是文书处理的终点、档案管理的起点。

二、归档文件整理原则

遵循文件的形成规律，保持文件之间的有机联系，区分不同价值，便于保管和利用。

三、文书档案管理整理方法

1. 文书档案收集

收集工作即是将本单位在其职能活动中形成的、办理完毕的、具有保存价值的各种文字材料收集集中起来的工作过程。要求：材料齐全完整、内容真实准确。

2. 确定“件”

归档文件整理方法是以“件”为单位，进行文件整理。确定“件”是归档文件整理工作的关键之一。“件”的确定一定要把握尺度，不可过严也不可太松。一般以每份文件为一件。具体情况作如下规定：

（1）文件正本与定稿为一件。

（2）计算机及其网络环境中形成的文件，无定稿的，或打印出的定稿上无重要修改手迹、领导批示，定稿不归档，但发文稿纸必须归档，且与正文合为一件。

（3）正文与附件为一件。附件一般是指正文后注明的附件，它是正文内容的一部分。

（4）原件与复制件为一件。

（5）转发文与被转发文为一件。

（6）会议记录一本为一件，如党委会议记录、行政会议记录等。

（7）成套的会议材料分别为件。

（8）重要文件的正文与历次修改稿可各为一件。

(9) 正文与文件处理单（办文单）为一件。

(10) 来文与复文（指请示与批复、报告与批示、函与复函）为一件。

(11) 报表、名册、图册、成册的编研材料、刊物等按其原来的装订方式，一册（本）为一件。

(12) 未装订的式样同一的表格，以一定的单位（如部门或时间等）组合，可装订在一起作为一件，如先进审批表、工资审批表、统计年报等。

(13) 介绍信一般一份为一件，若单位一年形成的介绍信数量较多时，也可结合其他特征划分成若干件。

3. 文件的装订

在装订前，已破损的文件应予修整，字迹模糊或易褪变的文件应予复制或进行字迹加固处理。文件的修整、复制要在保持原貌的前提下进行。

(1) 文件的修整：①对破损文件进行修裱；②对字迹模糊或易褪变的文件进行复制；③去除文件上易腐蚀的金属物，对于装订成册不便拆封的书籍、刊物等，金属物已严密封装在其中，且拆钉会损坏原貌，不须拆钉重装；④对于过大的文件进行折叠时应注意尽量减少折叠次数；⑤小于 16 开的纸张应用 A4 纸贴衬。

(2) 装订：一般采用不锈钢钉在文件的左侧装订。较厚的仍用三孔一线进行装订。文件整理时必须左侧和下边齐。不锈钢钉不宜钉得过多，一般为上下两个。

(3) 件内的排序：①正本在前，定稿在后；②正文在前，附件在后；③原件在前，复制件在后；④转发文前，被转发文在后；⑤计算机及其网络环境中形成的文件，无定稿的，正文在前，发文稿纸在后；⑥文件处理单（办文单）归档的应放在最前面。

4. 文书档案管理分类

(1) 按年度区分

① 年度以落款日期为准。如 2009 年形成的《2008 年工作总结》应归入 2009 年。

② 跨年度的文件放入办结的年度。如 2008 年形成的《2009—2010 年工作规划》应归入 2008 年度；某单位 2007 年立案、2008 年结案的某信访案件，其文件材料统一在结案年度归档，即归入 2008 年。

③ 几份文件作为一件，“件”的日期应以装订时排在最前面的文件日期为准。具体地说来文与复文为一件，以复文为准等。

④ 会议记录本以该本最后一次会议记录时间为准。

⑤ 文件没有标注日期时，需要分析该文件内容，制成材料、格式、字体以及各种标识，通过对照等手段来考证和推断文件的准确日期或近似日期，并据此按年度合理归类。

(2) 按保管期限区分

将每年的文书档案管理归档文件按永久、定期分开，定期一般分为 30 年、10 年。

永久保管档案可以概括为以下四个方面：

① 反映机关主要历史面貌的文件材料。如：大事记、组织改革、机构设置、人员编制等文件材料。

② 反映机关行政管理、行政执法活动的重要文件材料。如行政管理工作制度、行

政管理工作中形成的审批、审查、核准等文件材料，房产、地产、固定资产、行政审批、行政许可、合同、协议、国有资产管理等文件材料。

③ 反映机关主要职能活动的重要文件材料。如党组（党委）、行政办公会议记录、会议纪要、工作会议、专题会议材料，上级机关、上级领导视察本机关工作文件材料，本机关制定的方针政策性法规文件、业务文件、调研报告、请示、批复、外事活动文件等。

④ 反映机关人事管理活动的文件材料。如人事任免、奖励材料与处分材料，录用、转正、聘任、调资、定级、停薪留职、辞职、离退休、死亡、抚恤材料，人事考核、职称评审、职工调动、职工名册、党团员名册、党团材料等。这些文件材料在反映本机关的历史面貌、主要职能活动，维护国家、机关和职工权益等方面具有长远的利用价值和凭证价值，是各机关形成文件的重点和核心。

5. 文书档案管理排列

① 把同一年度、同一保管期限的文件分开排在一起。立档单位每年只编永久、30年、10年三条流水号分开排列。不同年度、不同保管期限的文件不能排列在一起。

② 在同一保管期限内，把同一机构（或问题、文号）有内在联系（如同一次活动、同一项工作、同一个会议）的文件排在一起，即同一事由的相关文件应当排列在一起，是“遵循文件的形成规律，保持文件之间的有机联系”整理原则的体现。排列顺序应保持相对固定。

③ 最后在同一保管期限、同一机构、问题或文号内按成文时间的先后顺序排列。

6. 文书档案管理编号

文书档案管理归档文件应依分类方案和排列顺序逐件编号，在文件首页上端的空白位置加盖归档章并填写相关内容。文件处理单随同归档的，归档章盖在文件处理单上，以保护文件正本的原貌。归档章设置全宗号、年度、保管期限、件号等必备项目。

① 全宗号：档案馆给立档单位编制的代号。档案室如没有全宗号可暂时不填。

② 年度：文件形成年度，以4位阿拉伯数字标注公元纪年，如2008。

③ 保管期限：文书档案管理归档文件保管期限的填写为永久、30年、10年。

④ 件号：文书档案管理归档文件的排列顺序号。以年度为界，每年必须从1编起，不能跨年度连续编号，各期限分别编流水号（即每年分期限共编三条流水号）。

件号包括室编件号和馆编件号，分别在文书档案管理归档文件整理和档案移交后编制。室编件号的编制方法为：在分类方案的最低一级类目内；按文件排列顺序从“1”开始标注，每种保管期限各编一个流水顺序号。如2007年永久件号：1、2、3……82；30年件号：1、2、3……73；10年件号：1、2、3……243。

馆编件号待档案移交给档案馆后，由档案馆根据需要填写。

7. 文书档案管理编目

文书档案管理归档文件应依据分类方案和室编件号顺序编制文书档案管理归档文件目录（表4-1）。

表 4－1　　　　　　　　文书档案卷内文件目录

年度		单位		保管卷号	
保管期限		起止日期		卷内张数	
案卷标题					
顺序号	文件日期	文件原编号	文件作者	内容摘要	张次

文书档案管理归档文件应逐件编目。来文与复文为一件时，只对复文进行编目。通过检查复文来实现对相应来文的查找。文书档案管理归档文件目录包括件号、责任者、文号、题名、日期、页数和备注等项目。

① 件号：填写室编件号。

② 责任者：发文的组织或个人，即文件的发文机关或署名者。A. 填写责任者时一般应使用全称或通用简称，如“海南省纪委”，不能使用“本厅”、“省教育厅”等含义不明、难判断的简称。B. 联合发文责任者过多时，可适当省略，但立档单位是责任者的必须抄录。C. 未署责任者的文书档案管理归档文件，编目时应根据文件内容形式等特征加以考证并填写。

③ 文号：文件的发文字号，是由发文机关按发文次序编制的顺序号，一般由机关代字、年度、顺序号组成。如琼府办［2008］198 号、琼邮管［2008］68 号，没有发文字号的不填写。文号栏内不得填写诸如“会议文件之一”等文件顺序号，亦不得填写“情况反映”等刊物名册。

④ 题名：文件标题，一般应照实抄录。没有题名或题名不规范的，应根据文件内容，重新拟写或补充标题，外加“［］”号附于原标题之后。如《海南省档案局关于转发档发［2008］18 号文件的通知》，应重拟题名并抄录为“海南省档案局关于转发［国家档案局关于汛期档案安全管理的几点意见］的通知。”

⑤ 日期：文件的形成时间，以 8 位阿拉伯数字标注年、月、日，如 20080708、20081112，表示月、日的数字可回行填写，如 20080708。

⑥ 页数：每一件文书档案管理归档文件的总页数、文件中有图文的页面为一页。

⑦ 备注：用于填写文书档案管理归档文件需要补充和说明的情况。包括密级、缺损、修改、补充、移出、销毁等。如果有些条目需说明的情况较多，备注栏难以填写时，可在备注栏中加注“＊”号，将具体内容填写入备考表中。

8. 文书档案管理装盒

装盒是将文书档案管理归档文件按室编件号顺序装入档案盒，填写备考表、编制档案盒封面及盒脊。不同年度、不同保管期限的文件不能装在同一档案盒内。

① 装盒要求：文书档案管理归档文件应严格按照件号的先后顺序装入档案盒，与文书档案管理归档文件目录中相应条目的排列顺序相一致，保证检索到文件条目后能对应找到文件实体。档案利用完毕后归位时，同样要注意将其按件号顺序装入相应档案盒中，否则，在以件为单位进行管理的情况下，一旦归位错误，将很难再找回，甚至可能从此成为“死档”。

② 档案盒应采用无酸纸制作，各立档单位应到各级档案行政管理部门购买或向正规的档案用品厂直接订购，以保证档案盒制成材料的质量。

③ 档案盒应根据摆放方式的不同，在盒脊或底边设置全宗号、年度、保管期限、起止件号、盒号等必备项。其中起止件号填写盒内第一件文件和最后一件文件的件号，中间用“/”号连接。

④ 备考表放在盒内所有文书档案管理归档文件之后，用以对盒内文书档案管理归档文件进行必要的注释说明。项目包括盒内文件情况说明、整理人、检查人和日期。

四、文书的销毁

凡已办理完毕并无查考保存价值的文书，应妥善保存，于当年年底编制销毁目录，报请主管的领导人批准后定期销毁。如属保密文件，则必须逐件登记目录，并派人监督销毁。

练习题

1. 公文的收、发文办理有哪些程序？

2. 比较说明在收、发文程序中两项“登记”环节的相同之处与不同之处。

3. 什么是“催办”？使“催办”工作顺利进行的有效措施是什么？

4. 公文用印应盖在文书的什么稿本上？盖印的要求是什么？

5. 哪些文书要盖印？哪些文书要签署？哪些文书既盖印，又必须签署？哪些文书可不盖印也不签署？

6. 什么是文书立卷归档？

7. 文书立卷的步骤与方法是什么？

实训题

实训项目一：分析一则实际工作中使用的文书：

通知

因青年剧团主要演员生病不能演出，原定今天上演的话剧《离婚了，就别来找我》改在5月10日上演，请持有今天的该剧票的观众届时前来观看。因故需要退票的观众，请于今天在一号售票窗口退票。

特此通知

海淀影剧院

2012.5.4

根据以上内容分析，此处用通知行文是否合理，为什么？如果行文有错，请以正确方式行文。

实训项目二：发文处理

根据背景资料，为××保险公司杭州分公司制发一份通知，并完成情景演示。

【背景资料】中国维行保险公司是一家全国性、综合性保险公司，经营范围包括各类财产保险、人身保险、信托业务等。公司总部设在广州，主要股东包括：广州市投资管理公司，招商局佛山工业区有限公司、中国远洋运输集团公司、摩根亚洲投资有限公司、广盛有限合伙集团公司等。

中国维行保险有限公司在自身发展的历程中，坚持管理创新和技术创新的发展策略。公司十分注重学习、借鉴外国经验，积极引进技术人才和管理经验，先后与国外多家知名保险公司建立了合作关系。为了适应经济全球化和知识经济时代的挑战，增强公司的国际竞争力，公司聘请了国外著名专业顾问公司担任专业管理顾问，借以提高自身经营管理水平，中国维行保险有限公司将继续勇于开拓，提升公司的核心竞争力，力争在两年内业务规模进入世界500强，业务品质进入全球400优。

为响应总公司号召，早日实现维行进入“规模500强，品质400优”的目标，该公司准备开展“扎实基础、提升品质”的活动，主要形式是主题演讲会、合理化建议征文。各部门必须在近期内上报活动开展情况。按照活动方案要求：演讲会每月一个主题，全体员工必须参加，合理化建议活动每月评选出三篇优秀征文上报，定期上报活动组织和进行情况。

(1) 实训要求：根据上述内容，杭州公司要制发一份通知，完成4个场景演示。

场景一：2012年5月12日，杭州分公司总经理蒋某把秘书刘某叫到办公室，对她说明了这次活动的目的和要求，让她马上写一份通知，发到分公司各部门和杭州各分支机构，告知有关活动事项。刘某用记事本将蒋总经理的话记录下来，走出经理办公室，回到自己办公室，立即开始拟写通知。请演示领导交拟和秘书撰写通知的过程，并制作出通知的初稿。

场景二：初稿完成后，刘秘书将这份通知写在统一的发文稿纸上，拿给蒋总经理审核，蒋总看过后签字同意发出。请演示领导审核签发过程。

场景三：刘秘书将这份通知编上发文号，写在发文稿纸的相应栏内，再检查一遍通知的正文内容，确定无误后，把这份发文稿拿到文印室，交给打字员小王打印成正稿，打印份数为30份，小王让刘秘书明天下午2：00来取。请演示秘书编号印制文件的过程。

场景四：5月13日下午2：30，刘秘书将打印好的通知正稿从文印室取回，逐一盖章，并在发文登记簿上填写好内容，再分别将每份通知用信封套好，封上口。请演示秘书发文登记和封装的过程。

（2）实训说明：学生每4人为一组，即1~4号，实训在模拟公司办公室进行。学生可以先制作文稿，每位学生都必须制作一份通知正稿。要求打印，格式完整，完成时间不超过30分钟。文稿完成后，再按场景顺序进行演示，4个场景演示总过程不超过60分钟。

第一个场景，由1号扮演秘书，2号扮演总经理。

第二个场景，由2号扮演秘书，3号扮演总经理。

第三个场景，由3号扮演秘书，4号扮演打字员。

第四个场景，由4号扮演秘书。

每组在实训过程中还必须制作两份材料：通知的发文稿和发文登记簿。

实训项目三：收文处理

背景参见实训项目二案例。杭州分公司收到中国维行保险股份有限公司的一份通知，得知杭州保监办将于本周对杭州地区进行保险信用体系进行全面检查，以下是这份通知。

中国维行保险股份有限公司文件

中维保〔2012〕30号

关于迎接南京保监办保险信用体系检查的紧急通知

各分支机构：

根据2012年度江苏保险信用体系的工作安排，南京保监办将于本周开始对杭州地区进行全面检查。希望各分支机构高度重视，对照2012年度保险公司信用考核指标，全面自查整改，并作好接受检查的准备。各分支机构将自查报告于2012年6月24日前上报至中心分公司人事行政部。

特此通知

中国维行保险股份有限公司（公章）

二〇一二年六月五日

（1）实训要求：根据上述背景及通知，完成5个场景演示。

场景一：2012年6月8日，总经理秘书刘某收到通知并拆启后，将文件取出，核对好份数、日期，将文件的内容登记在收文登记簿上。请演示秘书收启文件和收文登记的过程。

场景二：刘秘书取出文件处理单，填上内容，提出初步办理意见，再将文件处理单夹在通知原件上，拿到总经理办公室，给总经理批示。请演示秘书拟办文件的过程。

场景三：总经理办公室内，蒋总经理看了通知后，同意了刘秘书的处理意见，指明此通知中要求办理的事项由人事行政部门负责办理。他立即打电话让刘秘书过来，让她将这份通知和办理意见传达给人事行政部。请演示领导批办文件的过程。

场景四：刘秘书将这份通知和办理意见交给人事行政部部长李××，请他负责办理。李××看过后，以电话的形式告知3个分支机构：××区营运部、××区营运部、××区营运部，要求他们对照2012年度保险公司信用考核指标进行自查，并在2012年6月20日前将自查报告交至人事行政部。请演示承办文件的过程。

场景五：2012年6月20日，3家分支机构的自查报告均按要求上报，李××在文件处理单上填好办理结果、方式和日期，然后和通知原件一起交还给刘秘书。请演示注办文件的过程。

（2）实训说明：学生每5人为一组，即1~5号。实训在模拟公司办公室进行。学生按场景顺序进行演示，5个场景演示总过程不超过60分钟。

第一个场景，由1号扮演刘秘书。

第二个场景，由2号扮演刘秘书，3号扮演总经理。

第三个场景，由3号扮演刘秘书，4号扮演总经理。

第四个场景，由4号扮演刘秘书，5号扮演人事行政部部长。

第五个场景，由5号扮演刘秘书，1号扮演人事行政部部长。

每组在实训过程中必须制作两份材料：通知的收文登记和文件处理单。

第五章　会议服务工作

本章学习要求：

会议是人类群体有组织地会晤、议事的行为或过程。它需要三人以上共同参与，以一定的方式聚合在一起，目的是为了议事，解决各种问题。会议具有组织性、目标性、规则性、秩序性和领导性。会议服务工作是秘书工作的重要组成部分，是秘书的常规性工作之一，主要包括会前筹备工作、会中服务工作和会后整理工作。要求通过本章的学习，理解会议的含义并了解其分类情况；掌握会议议程与日程的制定；掌握会议纪要的内容与方法；掌握会议总结的目的与撰写能力。

案例

小赵和小周同龄，同在四川天一有限公司总经理办公室担任秘书职务。经过一年半的工作之后，小赵不仅得到了提拔而且工资待遇也不断提高。相反，小周却似乎总是在原地打转。小赵的晋升和待遇让小周感觉很不公平，小周感觉自己工作非常卖力，也非常勤奋，为什么会落后小赵那么多呢？终于，在一次会议筹备工作之前，小周忍无可忍了，她向总经理哭诉对自己的不公平待遇。这时，总经理一边耐心地听她哭诉、抱怨，一边在心里盘算着怎样向眼前这个年轻人解释清楚她和小赵之间的真正差别。

"小周，"总经理开口说话了，"请你现在到各个部门去一趟，了解一下各部门负责人在明天会议上所作的工作总结报告的完成情况。"

小周立即转身向各个部门奔去，不到10分钟她就回来了，兴高采烈地向总经理汇报说，只有C、D两个部门的负责人还未完成总结报告，其余部门的负责人都已经准备妥当。

"各个部门负责人所准备的总结报告是否打印完备？做好备份工作没有？"总经理问。

小周再次向各个部门奔去，不一会儿又回来报告总经理说："除C、D部门外，其余部门的总结报告都已打印完备，也做好了相关的备份工作。"

"A部门作为明天会议的重要汇报部门，他们的工作报告跟其他部门相比，有没有什么特别的准备？"总经理问。

这时，小周又第三次跑出了总经理办公室……

"好吧，"总经理对小周说，"现在请你坐在椅子上一句话也不要说，看看小赵的工作方式。"

总经理同样让小赵去了解各部门工作报告的准备情况，小赵也很快回来了，手里拿着一个笔记本，向总经理汇报说："总经理，除C、D两个部门外，其余各个部门负责人的工作总结报告都已准备妥当，并做好了备份工作。C部门负责人由于刚刚出差回来，正在努力完成报告，预计3小时后可以完成；D部门负责人由于要确认一个关键统计数据，所以完成时间预计将在1小时后。除C、D部门外，其余部门的总结报告我已经做了汇总及备份。按照总经理您上次的特别指示，A部门负责人的汇总报告将重点放在了处理工作中的突发事件和激发团队协作力的主题上，A部门负责人马主任想再次听听您的建议，以便作进一步的修改与完善，他现在正在总经理办公室外等候。”

此时，总经理转向了小周，说：“我想，你的疑问现在应该得到解决了吧?”听到此话，小周的脸一下子红了起来，心悦诚服地点了点头。

提问：

(1) 小赵为什么会得到提升?

(2) 小周的工作方式存在哪些问题?

(3) 从秘书小赵的案例上，你得到了哪些启示?

案例分析

通过该案例我们不难发现，小赵之所以能够得到提升是因为她对秘书职业的充分认识和对自己的高要求。通过对比我们看到，小周的工作方式基本上处于一种被动式、机械化的工作状态，这些都是秘书工作的大忌。案例中，总经理交代的任务属于典型的会前准备工作，是会议资料工作的重要组成部分，小赵对会前资料工作的认识显然比小周更为全面和主动，具有较好的全面意识、系统意识和提前意识，她能够在上司交代的一个任务中洞悉相关的工作延伸，完成工作的质量不仅优秀而且极大提升了工作效率，不但节省了上司的时间和精力，而且为上司的下一步工作安排和指示作了充分的情况反馈。相反，小周就缺乏这种职业意识，不但耗费了上司的时间和精力，而且支离破碎、片段化的信息反馈很难对上司的下一步工作起到推动作用。

从秘书小赵的案例上，我们应该清晰地看到职业化、高效率、系统性和提前量四个关键词。一个优秀的秘书，必须对自己的工作有一个充分的理解与认识，以职业化的态度做事，而非以社会人的态度被动工作。对工作的充分认识和对上司意图的全面把握，使得小赵的会前资料工作明显优于小周，小赵的工作方式值得我们学习。

第一节　会议概述

一、会议的含义

会议是人类群体有组织地会晤、议事的行为或过程。它需要三人以上共同参与，以一定的方式聚合在一起，目的是为了议事，解决各种问题。会议具有组织性、目标性、规则性、秩序性和领导性。

二、会议的构成要素

会议的基本构成要素通常包括：会议的名称、主题、时间、会址、主持者、组织者、与会者、议程及日程等。除此之外，会议的构成要素还包括一些可选性、并非所有会议共有的部分，比如服务机构选择、文件材料汇总、经费安排、耗材储备等。

三、会议的种类

不同的标准，会产生不同的会议种类。常见的较有价值的划分主要有：

（1）按组织类型：可分为内部会议和外部会议，正式会议和非正式会议。

（2）按时间规定：可分为定期会议和不定期会议两类。

（3）按出席对象：可分为联席会、内部会、代表会、群众会等。

（4）按议题性质：可分为专业性、专题性、综合性等。

（5）按规模大小：可分为特大型（万人以上）、大型（千人以上）、中型（百人以上）和小型（数人或数十人）等。

（6）按功能性质：可分为决策性、讨论性、执行性、告知性、学术性、协调性、报告性、谈判性、动员性、纪念性等。

（7）按会议方式：常规会、广播会、电视会、电话会、远程会等。

四、会议的成本意识

会议是需要经费支撑的，在会议的前期策划阶段，秘书应对会议的整体成本有一个科学的预算，让会议的花费更加合理、高效，让会议效果的评估有一个科学、直接的成本参照。

会议总成本 = 会议人工成本 + 会议本身经费

会议人工成本 = $2A \times B \times T$

其中，A 为每小时与会者平均工资的 3 倍（3 倍是因为劳动产值远高于工资，乘以 2 是因为因开会而造成工作中断所造成的损失）；B 为参加会议的人数；T 是召开会议的时间（单位：小时）。当然，这只是一个初步核算的直接成本，但它可以作为会议成本初步核算的一个依据和方法。

第二节　会前工作

会议能否取得成功，在很大程度上取决于会前的准备工作。会前工作总体上是围绕“筹”字而展开：会前需要筹备、筹划的工作非常广泛和具体，通常包括会议计划的辅助制定、会议地点的选择、会议时间的安排、会议人员的确定及通知、会场布置和会场布局、会议资料的整理和发放、会议工具准备、食宿安排、会议经费预算等。

一、会议计划

会议计划及会议方案的制定，是秘书的基本能力之一。会议计划的制定要遵循以下几个原则：会议次数不宜太过频繁的原则，严控时间的原则，会议通知的明确性原则，缺席迟到的事先联络原则，高效原则。

会议计划所涉及的内容通常包括：确定会议的主题与议题；确定会议的名称；确定会议的议程；确定会议的日期和时间；确定会议嘉宾及参会人员的构成；确定会议文件的范围，做好文件资料的印制与发放工作；确定会议经费预算；确定会议住宿和餐饮安排。

示例

四川天一有限公司技术训练专题研讨会

（筹备计划）

一、会议主题：为了增强本公司综合竞争能力，提高产品质量和管理水平，特召开此次技术训练专题研讨会。会议的重点是讨论研究如何在全公司展开技术发明和创造的竞赛，并提出提高训练质量的对策，探讨新的技术训练方法。

二、会议时间：拟定于6月18日上午9：00至下午4：30。

三、会议地点：四川天一有限公司金堂总部商务大厦一号会议室。

四、参会人员：公司总经理、副总经理、公司人力资源部总监、生产部总监、培训部总监以及公司下属各部门的技术骨干65人，总计80人。

五、会议议程：会议由主管副总经理主持。

上午：(1) 总经理作关于技术训练问题的工作报告。

(2) 培训部总监专题发言。

(3) 生产部总监专题发言。

下午：(1) 分组讨论。

(2) 人力资源部总监宣读公司开展技术竞赛评比的计划草案。

(3) 主管副总经理作总结报告。

六、会议议题：

(1) 技术训练与提高企业综合竞争力。

(2) 技术训练与技术创新。

(3) 如何提高技术训练的质量。

(4) 技术训练方法的再讨论。

七、会场设备和用品的准备：准备会议所需的投影仪、投影笔、白板、白板笔、板擦、影像设备，由公司前台秘书负责落实。

八、会议材料准备：由总经理办公室牵头准备。

(1) 总经理的工作报告。

(2) 培训部、生产部总监的专题发言稿。

(3) 公司开展技术竞赛评比的计划（草案）。

(4) 副总经理的总结报告。

九、会议服务工作：由行政部综合协调。

附：(1) 会议通知。

(2) 会议日程表。

(3) 会议经费预算。（略）

二、会议地点

会议地点的选取应方便领导、上司、嘉宾及其他参会人员顺利前往；会场的大小应与会议规模相符；应确保会议场所具备良好的设备配置；尽量避开闹市区，选择较为安静的场所；充分考虑停车场所的有无及饱和度；在租借会场时要确认租借的日期和时间，确认会场使用时间与会议时间吻合，同时需保持场地租借费用的合理性和可控性。

三、会议时间

会议的时间安排要充分考虑领导、上级、嘉宾及其他参会人员的日程安排，确保无时间冲突；要确保外部参会人员的到达时间，提前预留机动时间；确保会议议题的集中性，时间安排尽量紧凑高效；为确保会议质量，会议的连续时间一般不超过 3 小时；会议的时间安排要考虑到人体的生理规律，上午的时间尽量安排在 9：00 - 11：00，下午 2：30 -4：30。

四、会议议程与日程

会议议程是对会议所要通过的文件、所要解决的问题的概略安排，并冠以序号将其清晰地表达出来，它是会议内容的概略安排，会议主持人根据议程主持会议。会议议程通常由秘书拟写草稿，领导、上司批准后在会前分发、电邮给参会人员。

会议日程是指会议在一定时间内的具体安排，通常采用表格的形式直观地将其罗列出来，是参会人员安排个人时间的一种。会议日程通常以天为单位，固定分为早、中、晚三个时间模块，简要呈现时间、内容、地点、参与人员、责任人等。

会议议程示例：

四川天一有限公司销售团队会议议程

公司销售团队将在 6 月 15 日星期五上午 9：00 在公司总部金堂商务大厦一号会议室举行。

一、宣布议程。

二、说明有关人员缺席情况。

三、宣读并通过上次会议的记录。

四、通信联系情况。

五、川东片区销售活动的总结。

六、川南片区销售活动的总结。

七、销售人员的招聘和重组。

八、川西片区销售队伍的组建。

九、下季度销售目标。

会议日程表示例（表 5 -1）：

表 5－1　　　　四川天一有限公司提高企业核心竞争力研讨会日程表

日期	时间		内容安排	地点	参与人员	责任人	备注
2012 年 3 月 17 日	上午	8：30	报到	会议大厅	全体代表	赵秘书	
		9：00－10：00	总经理讲话	小会议厅	全体代表		
		10：00－10：20	休息	小会议厅	全体代表		
		10：20－11：50	战略顾问讲座	小会议厅	全体代表	黄秘书	投影仪
		12：00	午餐	希望宾馆餐厅	全体代表	周秘书	自助餐
	下午	1：30－3：00	陈副总经理专题报告	小会议厅	全体代表		
		3：00－3：20	休息	小会议厅	全体代表		
		3：20－4：20	刘副总经理专题报告	小会议厅	全体代表		
		4：30－5：30	人力资源总监发言	小会议厅	全体代表		
	晚上	6：00	晚餐	希望宾馆餐厅	全体代表		
		7：00	联欢	宾馆 KTV 包房	全体代表		
2012 年 3 月 18 日	上午	7：30	早餐	希望宾馆餐厅	全体代表		
		9：00－10：30	分组讨论	小会议厅	全体代表		
		10：30－10：40	休息	小会议厅	全体代表		
		10：40－11：30	分组讨论	小会议厅	全体代表		
		12：00	午餐	希望宾馆餐厅	全体代表		
	下午	1：30－2：30	分组讨论	小会议厅	全体代表		
		2：30－2：40	休息	小会议厅	全体代表		
		2：40－4：10	小组代表发言	小会议厅	全体代表		
	晚上	6：00－7：30	晚餐	希望宾馆餐厅	全体代表		
		8：00	离会				

五、会议人员与通知

当会议的议题、议程、时间及地点相继确定后，需要在领导、上司的指导下对参会人员进行最终确定；在会议人员名单确定之后，应根据“提前通知”的原则通知参会人员或受邀嘉宾具体的会议时间及地点；在通知的过程中，秘书应树立“责任意识”，当通知参会人员后立即记录下通知的时间及对方人员名字，以确保通知工作的高效率。会议通知的形式一般有书面通知、邮件通知、电话通知等，书面的会议通知内容一般应包括会议名称、起止日期和时间、会议地点及乘车路线、会议议题和主题、联络人名单及联系方式、确认函、回执函或确认方式等。

会议通知示例：

会议通知

尊敬的客户：

为了进一步加强与贵公司的协作关系，听取客户对我公司产品和服务的意见和建议，我公司拟于2012年9月22日上午9：00至下午4：30在金堂县希望宾馆召开客户咨询联谊会。敬请回复及光临。

附：会议日程及路线图

回执

请于8月8日以前将回执寄至：四川省成都市金堂县四川天一有限公司行政部赵××小姐，邮编：610400，电话：028－87654321。

□我公司参加此次会议，参加人数：

□我公司不能参加此次会议。

姓名：______________

公司：______________

六、会场布置

在会议开始前，秘书要亲自到会议现场检查确认，检查会场设备设施是否齐全完好，确认会场服务人员态度是否良好，确保会场布置情况按计划进行，通过对细节的检查和观察，形成进度跟进信息表。

七、会场布局

会场布局形式多种多样，秘书应根据会场人小及会议的目的进行合理选择。会场布局中桌椅的摆放大致可分为：适合小型会议的圆桌形、方桌形，适合参会人员较多的“口”字形或“E”字形适合介绍、动员、培训目的的“C”字形或“V”字形，以及适合人数众多的教室形。主席台一般是主办方的负责人、贵宾、主席团成员、专家等，在安排座次时应考虑其职务的高低，位高者居中，较高者左、次高者右、由前至后的顺序依次排列。

八、会议资料

会议中通常会涉及发言部分，一般来说，秘书应在会前将各位发言人的最终发言稿汇总，打印完整及备份，根据领导、上级的指示及安排决定是否在会前将会议资料发放给所有参会人员。领导、上级的发言稿通常由秘书完成，秘书应站在领导、上级的身份定位上草拟发言稿，并最终交由领导、上级确认；确认后的发言稿，秘书同样要进行备份工作，一般来说应多打印一至两份。

九、会议工具

不同的会议会用到不同的工具，秘书应根据会议目的、会议人员数量及具体议程进行合理安排。会议工具通常包括：空调设备、灯光、投影仪、投影屏、投影笔、演示白板或黑板、白板笔或粉笔、板擦、签到表、文件袋、指示棒、废纸篓、桌椅、笔记本、书写工具、投票箱、计时设备、礼品等。如果是电视电话、广播会议，还须确认线路是否完好、信息接收是否通畅等。会议工具要在会前进行最终的调试和确认，以确保在会议时的正常使用。

十、食宿安排

食宿安排要遵循好而经济、优而不浪费的原则，要确保参会人员吃好、住好，又得兼顾会议预算和成本控制。餐饮安排通常标准一致，但要适当照顾少数民族和年老体弱者的特殊需求；住宿安排需要适当照顾领导、上级、长者和尊者；住宿的规格与标准一般要结合参会人员具体安排；秘书应在经领导、上司批准后，按照住宿分配表有条不紊地进行住宿分配。

十一、会议经费预算

会议经费预算的作用就在于控制成本，用最少的钱办最高效的事。会议的经费预算一般包括以下内容：文件资料费用、通信费用、会议设备和用品费用、会场租借费用、会场布置费用、会议宣传记录费用、食宿费用、交通费用及其他临时性开支。会议经费预算的基本原则就是：不过松，把控每一个合理细节；不过紧，适当预留弹性空间。

十二、注意事项

在进行会前筹划工作时，秘书一定要秉持“五心”：专心——心无旁骛、尽职尽责；恒心——任劳任怨、坚持到底；细心——专注细节、系统安排；热心——多方协调、全面促进；责任心——对领导、上司负责，对单位、公司负责，对参会人员负责，对结果负责。秘书要切忌粗枝大叶、教条主义的毛病，一个把每一次会议准备都当做一次新的自我历练过程的秘书，才会拥有更大的发展空间。

第三节　会中工作

秘书在会中的工作，主要落实在“服务”上。会中工作一般包括：会前检查、组织签到和登记、会议服务、会议设备的操作与维护、会议的保密工作等。秘书服务工作的完备，对确保会议的顺利进行有着重要意义。

一、会前检查

会前的最后检查通常为会前半天或一天的时间段内，通常是现场检查。会前检查的内容主要包括：

（1）会议文件及资料是否准备充分和完好。

（2）会场布置情况：会场布置是否与议题相适应，会标是否端庄醒目，主席台座次安排是否合理，台卡是否摆放整齐，音响、照明、录音、录像、通风、安保等设施设备是否完善；大型会议中还须考虑进场通道是否通畅，退场路线是否清晰，紧急避险通道是否有效等。

二、组织签到和登记

组织签到和登记主要是为了了解到会人数，对于有关选举、表决内容的法定性会议尤为重要。秘书在会前要准备好签名簿、签字笔等签到用品。如果是小型会议，秘书可按照参会人员花名册逐一核对、签到，来一人划一人；如果是大中型会议，一般应在会场入口处设置签到台，为避免参会人员集中签到进场，通常会设置多个签到簿。

三、会议服务

在会议正式进行期间，秘书一般坐在会议室的最后一排或在会场外等候吩咐。确保会议的顺利进行，是秘书辅助性服务工作的重要目的。会议期间，秘书的服务工作主要包括：会议记录，现场录像或录音工作，指导现场服务人员端送饮品等。

会议记录是会议服务中的一项重要工作，秘书应提前准备好充足的记录设备，如录音笔、电池、笔记本、书写工具、笔记本电脑等。

会议记录应包含以下几方面内容：

（1）会议组织情况：会议名称、会议时间及地点、出（缺）席和列席人员、主持人姓名、记录人姓名等。

（2）会议内容：发言人姓名及职务、发言的内容、讨论的内容、提出的意见或建议、通过的决议等。

会议记录要注意以下两个要点：

（1）详略得当、归纳概括。会议记录的重点应放在讨论的观点、决议或决定上，对大多数内容来说，需要秘书进行归纳概括，不是只言片语不落，也不必有闻必录，而对与会议主题无关的发言可以选择忽略。

（2）忠于内容、切忌主观。会议记录必须忠于会议的内容和发言人的意愿，不能掺杂秘书的个人主观猜测或推断。当时若遗漏了部分内容，可在会后通过录音、录像等记录进行增补。

四、会议设备的操作与维护

对于会议所使用的音响、照明、录音、录像、通风等设备，秘书应确保有专人对其进行操作和维护，一旦某些会议工具出现问题，秘书应能够在第一时间找到相关责任人对其进行维护，确保会议进行万无一失。

五、会议的保密工作

秘书必须增强保密意识，自觉遵守《中华人民共和国保守国家秘密法》及相关单位、企业的保密协议，对会议中所产生的讨论内容、决议、技术指标、统计数据等做好保密维护工作。

六、其他事务安排

为保证会议的顺利进行，秘书通常还会涉及以下事务安排：参会人员的生活服务、车辆调度、娱乐项目安排、医疗卫生服务等。

第四节　会后工作

会后的工作重点落实在“理”上，即清理和整理。会后工作是会议的延续，是会议工作的有机组成部分，应当引起重视。会后工作一般包括：参会人员的安排、清理会场、整理会议文件、撰写会议总结、进行会议效果评估、致谢及其他相关工作。

一、参会人员安排

会议结束后，参会人员的退场、离开、返程都需要秘书的提前统筹和安排。比如返程机票、火车票的预订，交通工具的航班、车次信息，尽早与民航、铁路、公路、港口等部门沟通联系，确保参会人员顺利返程。秘书在安排妥当的情况下，应分别告知各参会人员相关的交通信息，安排好专车专人将领导、上司、贵宾、专家等送往机场、火车站等地。

二、清理会场

会议结束后，秘书应在第一时间内快速检查会场是否有参会人员遗漏下的重要文件或物品，如若发现，应及时告知。同时，秘书应在服务人员的协助下对会场垃圾进行清理，对会场物品进行归位。会场清理的另一个重要作用就是检查是否有重要的会议文件、资料或机密遗留，秘书应对这一部分文件进行统一整理，或现场粉碎，或打包运回单位、公司进行处理。

三、整理会议文件

会后，秘书要做好会议文件资料的收集、整理和立卷归档工作，并及时送交相关人员妥善保管。对会议决定、议案、提案、会议记录、会议纪要等文件进行分门别类的收集和整理，并立卷归档；对录音录像资料的整理，应根据会议主题的需要进行剪辑和修改，但建议对原文件进行适当的备份。

四、会议总结

会议总结一般由秘书完成，目的是总结经验教训，为下一次的会议安排奠定更好的基础。会议总结往往形成书面材料，内容常包括：会议的名称、时间、地点、规模、参会人员数量、议题、主持人、发言人、领导报告或讲话内容、参会人员对会议的基本评价、会议的决议情况以及从中得到的启示和对下一次工作顺利实施的展望。

五、会议效果评估

会议的效果评估是秘书会议工作自我修炼的一个重要部分，对将来更有保证、更有质量地完成会议工作起到了不可替代的作用。秘书的会议效果评估主要是对第三方合作单位、公司或人员的评估，通常包括：对主持人的评估、对会议服务及工作人员的评估、对场地整体效果的评估等。

六、致谢

在会议工作结束之后，秘书通常要对邀请的专家、学者、主持人、演职人员、会场提供方等表达谢意，这是秘书礼仪的基本要求，也为再次的邀请奠定了良好的情感基础。非常正式的致谢方式通常是写感谢信；而一般来说，秘书表达致谢可采用口头致谢的方式，或借助手机短信、电话、电子邮件等方式致谢。

练习题

1. 会前工作在哪些部分直接影响会议的效果？
2. 会议议程与会议日程的相同点与不同点是什么？
3. 会议计划对会议工作的指导意义在哪里？
4. 谈一谈网络资源对会议工作的具体帮助。
5. 列举你所熟悉的1～3个常用会议工具的使用步骤。
6. 会后工作为什么是会议工作的重要延续？

实训题

实训项目一：制订会议计划

（1）实训准备：硬件配置完备的计算机及其辅助设备、Microsoft Office或WPS文字处理软件。

（2）实训目的与要求：通过对会议计划的学习与制定，初步掌握会议计划的制定方法，了解会议计划的具体内容及会议预算的基本知识，能够初步拟定会议计划、会议筹备方案，并提出会议预算。

（3）实训方式：5～10人为一个小组，选举一个小组长，小组长统筹安排制定会议计划的流程与步骤，并负责相应的模块与人员；小组成员按照小组长的任务分配进行相应模块的设计；小组长负责收集、汇总小组成员完成的模块设计，并最终完成会议计划的整体撰写与制定；小组长或小组成员代表宣读会议计划；各个小组之间进行互评，选出最优秀的会议计划进行重点学习与点评。

（4）实训提示：迅速回顾会议计划所包含的内容构成；在5～10分钟内讨论出会

议主题，会议主题的制定有助于会议计划的制定；选取小组成员比较熟悉的内容进行操作；会议经费预算要以当地物价为基准。

实训项目二：制作会议记录

（1）实训准备：一段教师指定的会议短片；草稿纸、笔、本子。

（2）实训目的与要求：掌握会议记录的一般方法。要求判断会议记录的重点并记录，对会议的记录要体现一定的概括性。

（3）实训方式：现场速记、现场判断、现场归纳、现场记录，在教师批改之后进行修正。

（4）实训提示：迅速回顾会议记录的含义与内容；在对会议进行记录的过程中要懂得使用缩写技巧；在完成记录的过程中不加入主观猜测和判断；任何时候都应该保持精神的高度集中与警觉。

第六章　沟通与协调工作

本章学习要求：

众所周知，秘书处理好各种日常事务都离不开有效沟通，秘书良好的沟通协调对上司的工作有辅助性，因此，“沟通”对于做好秘书工作至关重要。但是若想达到良好的沟通效果，需要秘书在工作中不断磨炼和尝试积极沟通。通过本章的学习，要求掌握沟通的含义和基本类型，了解沟通的作用，特别是沟通在秘书工作中的重要作用，明确协调工作的含义和作用，掌握协调工作的原则和沟通技巧。

第一节　沟通工作概述

案例

一秀才买柴，曰：“荷薪者过来。”卖柴者因“过来”二字明白，即把柴担挑到秀才面前。秀才问曰：“其价如何？”因“价”字明白，对方说了价钱。秀才又曰：“外实而内虚，烟多而焰少，请损之。”卖柴者不知所云，便挑担而去……

“要是徐主任能听懂我的意思，他肯定会接受我的建议。”办公室张秘书垂头丧气地走出徐主任办公室……

从古至今，从日常生活到工作，经常会出现上述类似沟通失败的例子。

由于秘书工作有明显的中介作用和综合性，同时在沟通工作中秘书人员对机密性与重要性信息妥善处理也有着较高的要求，所以，要做好秘书工作，首先要了解什么是沟通。

一般情况下，人们把沟通理解成说话，或者是人与人之间的交流。实际上，沟通所包括的意义十分宽泛：从听到说、从有声到无声、从个人到组织……对于沟通的定义，有很多种提法。十年前，美国威斯康星大学的教授 F. 丹斯就统计过，人们关于“沟通”的定义，就已达 126 种之多。

一、沟通的含义

沟通的含义是丰富而复杂的，本书从领导、管理、协调的工作特性出发，把沟通综合定义为：沟通是为了特定的目标，在人与人之间、组织或团队之间通过语言和非语言方式进行的信息、思想和情感的传递或交互的过程。我们可以简单地用图 6－1 显示沟通的模型。

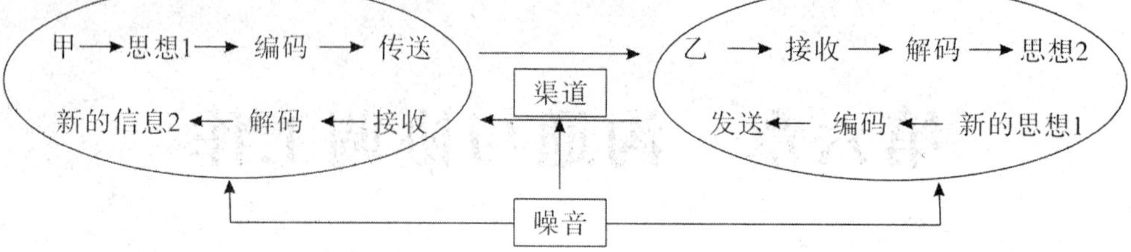

图6-1　沟通的模型

这种过程属于一种双向的沟通过程，甲将自己所要表达的思想1进行信息编码，通过一定的沟通方式发送给接受者乙，乙接收到信息后，会对信息进行解码，并将自己所理解的思想2再反馈给甲。在这种沟通过程中，必然会受到一定沟通背景的影响。例如：噪音、情绪、沟通场合等。所以，沟通并不是一种本能，而是一种能力。也就是说，沟通不是人天生就具备的，而是在工作实践中培养和训练出来的。

二、沟通的类型

在秘书工作中，沟通贯穿于整个工作环节当中，根据沟通方式、信息流向、渠道和是否存在反馈等为依据，我们可以将沟通划分为以下几种类型：

1. 根据信息载体的不同，沟通可分为语言沟通和非语言沟通

（1）语言沟通

语言沟通是利用语言、文字、图画、表格等形式实现沟通的，可分为口头语言沟通和书面语言沟通。如图6-2所示。

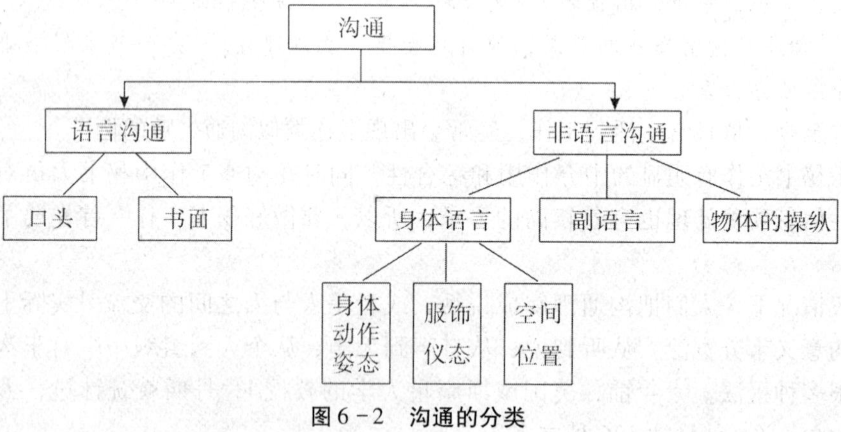

图6-2　沟通的分类

口头语言沟通，是通过口头表达的方式进行信息传递的沟通。例如：谈话、会议、演讲、讨论、电话等。这种沟通是沟通的主要形式。

书面沟通，是通过书面形式，以文字为媒介进行信息传递的沟通。例如：邮件、微博、总结、合同、通知等。

（2）非语言沟通

非语言沟通，是通过口头语言和书面语言之外的非语言符号，进行信息传递的沟

通形式。例如：肢体动作、服饰仪态、语调、操纵物体等。

2. 根据信息流向分类，沟通可分为上行沟通、下行沟通、横向沟通、斜向沟通

（1）上行沟通，是指下级向上级传递信息，即自下而上的沟通方式。上级领导者应当鼓励下级秘书积极反映情况，只有上行沟通渠道畅通，上级才能全面掌握情况，作出符合实际的决策。

（2）下行沟通，是指上级领导者将信息传达给下级，是自上而下的沟通方式。如将项目目标、计划方案等传达给秘书，发布组织新闻消息，对组织面临的一些具体问题提出处理意见等。这种沟通形式是领导者向被领导者发布命令和指示的过程。

（3）横向沟通，是指组织中处于同一平行层面的人员或职能部门间的信息传递和交流的沟通方式。例如：在一个项目实施过程中，销售部门与行政部门之间发生矛盾和冲突，这就是平行部门之间沟通不畅的重要原因之一。因此，横向沟通通常是管理层沟通形式，尤其是中层管理者之间，更是需要经常横向沟通。

（4）斜向沟通，是指组织内部不同部门、不同层级之间的沟通，没有直接隶属关系的单位和人员之间的信息沟通方式。斜向沟通有利于加速组织与外部的信息交流，为组织创造良好的外部环境。

第二节 协调工作概述

案例

困惑的王秘书

四川天一有限公司彭经理和徐总监有点小隔阂。一天，公司的王秘书去向分管物资采购的彭经理请示一项业务处理意见，在返回的路上碰到负责财务管理的徐总监，于是，王秘书又请示了徐总监的处理建议。结果，王秘书左右为难，两位领导矛盾已久，孙经理责怪王秘书多事，不按照他的意见办理，更是认定王秘书与徐总监的关系亲近些，认为王秘书有意和他作对；而徐总监则认为，此业务是由他引介的，王秘书应先同他通气。

请问，你是王秘书的话，你该如何选择以下方案：①按彭经理意见办事，因为他是主管这项业务的。②按徐总监意见处理，因为他是业务引介人。③建议彭、徐通气协商，形成统一意见后，再作处理。④找主要决策人——尹董事长裁定后，按其意见处理，这是按组织原则办事。

一、协调的含义及其要素

1. 协调的含义

什么是协调？从字面上来说，协调就是事物和谐一致、配合适当。从管理学角度而言，协调是指管理者从系统整体利益出发，运用各种手段，正确妥善地处理系统之间、人们之间的各种关系，为实现系统目标而共同奋斗的一种管理职能。因此，它是

管理工作中的一项综合任务。秘书部门作为领导的综合办事机构，辅助领导者协调各种关系，已成为一项重要的职能。

秘书部门的协调工作包括两层含义：

（1）为领导的协调工作当好参谋和助手，提供全方位服务。

（2）在自己的职能范围内，或在领导授权下独立进行协调工作。

2. 协调的要素

协调作为一种管理手段，普遍存在于各项管理活动中，并贯穿于管理进程的始终，成为组织活力的激发剂、组织功能的润滑剂和组织关系的黏合剂。协调工作往往离不开协调的基本要素所起的作用，因此，要做好协调工作，就必须了解协调的基本构成。

（1）协调主体

协调主体，是指参加并控制协调过程的人员。可以是领导、管理者，也可以某个秘书或某些秘书群体。

（2）协调对象

协调客体即协调对象，是指协调活动中被协调的当事人或者组织。一般而言，管理幅度越大，协调内容越繁杂，其协调对象越多。

（3）协调意图

协调意图，是指领导或是协调主体对协调活动的指示、意见和用意。秘书人员在协调过程中，必须如实而富有创造性地执行协调意图。任何忽视或否定协调意图的想法和做法都是有害的。

（4）协调过程

协调过程即通过协商、沟通、调解、调和，使隔阂消除、求同存异的过程。

（5）协调目标

协调目标，是协调活动的归宿和最终达到的目的，是协调活动的导向和动力。

（6）协调环境

协调环境即协调活动的内外部空间，也就是协调活动的沟通背景。协调环境是开展协调活动的客观条件，协调效果会受到环境的一定制约，因此，开展协调还需对协调环境予以熟悉。

正如马克思所说："一切规模较大的直接社会劳动或共同劳动，都或多或少需要指挥，以协调个人的活动，并执行生产总体的活动。"协调的核心就是根据协调缘由，协调主客体通过协调过程和协调环境达到协调目标。因此，在一个组织内部，没有协调就没有统一的行动，没有协调就没有良好秩序。

二、协调的内容

秘书部门的协调内容十分广泛，只要有矛盾或利益纠葛就需要协调。对于一个组织而言，政策的制定、计划的实施、人事的变动、各项具体事务的操作和关系的处理都包含着协调工作，可以说协调无处不在。但是秘书人员并不一定需要全程参与协调过程，所以秘书的日常协调工作，主要分为：政策协调、工作协调和关系协调。

1. 政策协调

政策协调是指在制定、贯彻方针政策过程中的协调。政策的制定和贯彻过程就是不断协调、不断统一认识和实施的过程。

当领导在草拟文件或制度时，秘书需要协助领导收集信息，研究相关政策，调研、汇总反馈信息，然后报告给领导或政策制定和执行部门。

政府协调对于政府机关来说意义尤其重大。在政策的贯彻实施过程中，由于人们或组织对某一项具体政策的理解不尽一致，往往会出现一些矛盾和分歧，这就需要秘书及时向领导、上级部门提出，争取尽早得到协调和纠正，从而促进政策的贯彻执行。

2. 工作协调

秘书工作具有典型的综合性特点，因此其工作范围较为广泛，这就要求秘书人员应围绕工作目标，按领导意图，根据工作的轻重缓急，对组织内部各部门的工作和具体事务进行协调，使得各项工作节点能够密切配合。

（1）计划协调

计划协调，是指协调制订和执行工作计划过程中的各种关系。一方面意味着对人财物的分配；另一方面意味着，在执行计划时，由于主客观条件的变化以及计划本身存在的问题，计划与现实和整体及局部存在一定冲突。对此，秘书人员需要及时进行协调、统筹兼顾，以确保工作计划的顺利实施。

（2）办文协调

办文协调，是指在文件办理过程中所作的协调。包含以下几个方面：首先，秘书人员应根据实际需要，起草文件。文件的起草既要符合党和国家的方针政策，还要符合本单位的工作实际，提高发文的质量。其次，发文中的协调。在一个组织中，以本单位名义发出的各种文件，并非都由秘书部门草拟，有可能是由组织内主抓某项工作的部门代拟。由于这些文稿要以本系统的名义发出，因此秘书部门必须进行协调处理，确定行文种类和内容等事项后再交由领导审批。最后，秘书部门常会收到系统内、外部的文件，这就需要秘书人员发挥中心作用，积极协调文件运转，使文件流转及时、畅通。

（3）办事协调

办事协调，是对各部门间及其内部具体工作和行政管理等事宜的协调。办事协调主要分为：日常工作的协调、重大活动的协调、督办工作的协调、对外工作的协调。

（4）会议协调

会议协调是指对会议本身的协调。会议协调主要分为三个环节：一是审批协调。秘书部门要科学管理好会议安排，对会议召开的必要性、规模、内容、时间、地点都需进行把控。二是会议议题协调。秘书部门应审核会议内容和时间，全局进行统筹安排。三是会务协调。主要是指对会议召开前后的各项事务性工作进行协调处理，保质保量开好会，促进实际工作的开展。

3. 关系协调

关系协调，是指在处理人与人、人与组织、组织与组织各种矛盾关系中所进行的协调。秘书部门进行关系协调，主要包括以下内容：

(1) 领导间关系协调

协调领导者关系的难度比较大，这就要求秘书人员必须善于协调领导之间的关系。因此秘书人员需有敏锐的洞察力、灵活的协调能力，既能从全局出发，做到坚持原则、实事求是，又能使领导们相互了解、彼此信任，融洽共事。这种协调因领导的地位特殊，协调方式以委婉、间接、私下的形式为妥。

(2) 上下级关系协调

上下级关系协调，是指对上级领导部门或与下属单位之间的关系协调。由于两个单位组织职责不同，分析问题和解决问题的角度不同，彼此间产生矛盾在所难免。秘书部门人员需要上情下达、下情上达、理顺关系。秘书不仅要维护上级部门的权威，更要协助本单位领导贯彻落实上级部门的意图，从而使本单位与上级部门保持协调一致。那么，对下级部门的协调则需要秘书人员及时并实事求是地传达上级方针政策，并能倾听下级部门的意见和要求。

(3) 左右关系协调

左右关系协调，是指秘书协调本单位内部各职能部门之间的关系。由于各部门之间利益分配或职责分工不明等原因出现的矛盾，秘书要有大局意识，充分尊重各部门的看法和职权，加强双方的信息沟通与理解，使各部门形成良好的运行机制。

三、协调工作的原则

协调的目的在于理顺关系，化解矛盾，推进工作。无论秘书人员协调什么，如何协调，都需要遵循一定的协调原则，这些原则有：

1. 依法办事原则

依法办事原则是秘书人员在协调过程中必须要坚持的原则之一，要掌握好党的方针政策，依法律法规办事，充分发挥政策和法律法规的效力。

2. 从属原则

从属原则是指秘书人员在协调工作中辅助领导进行协调，应做到“既要主动，又不越位”。时刻应注意自己的角色定位，秘书是领导者的助手，另一方面还得发挥主观能动性，在职权范围内积极主动配合领导做好工作。

3. 平等协商原则

平等协调工作是协调的核心所在。秘书在协调过程中与被协调者不是领导与被领导的关系，应以平等待人、平等协商的态度与双方当事人进行协商，建立良好的人际关系，形成融洽的共事氛围。切不可摆出“二首长”的架势，凌驾于别人之上。

4. 统筹兼顾原则

统筹兼顾原则是指秘书人员在协调时应以大局为重，把握住子系统在全局中的地位和作用，根据子系统的实际情况和需要，对各个子系统正当的利益需求注意保护，对各个系统的需求尽量予以满足。

5. 调查研究原则

对任何问题的协调，秘书人员都必须建立在了解实际情况的基础之上。要求秘书人员认真开展调查研究，查清事情的来龙去脉，研究和判断矛盾的性质，分析矛盾的症结所在，切忌主观武断、轻信他言，这样不仅不能解决问题，还会导致协调客体对协调方案的抵触，以至于协调工作失败。

第三节　协调的方法与技巧

一、协调的方法

秘书的协调是一项科学性和艺术性较强的工作。协调内容的广泛性，决定了协调方法的多样性，秘书人员需因人而异、因时而异、因地而异进行协调，常见的协调方法有：

1. 信息沟通法

信息沟通法是一种通过信息交流的形式达到化解矛盾的协调方式。秘书收集的文件、简报、资料和消息中常可获取大量的信息，这些信息可以为领导决策提供依据，可从有关部门了解情况，从而彼此协调配合搞好工作。

2. 文件会签法

文件会签法是一种通过制发文件的形式达到化解矛盾目的的协调方式。秘书在遇到内部矛盾或涉及军民、军地、城乡关系等事项时，可采用文件会签的形式对有关问题予以明确，责请各方遵照执行。

3. 会议协调法

会议协调发是一种通过召开会议的形式共同商榷，以达成共识、化解矛盾的协调方式。可以是专题协调会议，就某一事情进行专项协调；或是非专门会议，在会议上通过的决议、决定，常会对某些方面的工作予以明确和安排；或者因为缺乏意见和沟通造成的矛盾，通过会议进行协调处理。会议协调法一般用于协调事项较为重要、涉及多个部门、协调难度大的事项。

4. 现场调解法

现场调解法是一种通过现场拍板的形式化解矛盾的调解方式。在一些矛盾利用文件和会议仍不能解决的情况下，可以选择将矛盾双方召集到事发现场，对问题进行分析，从而解决矛盾。这种协调方式难度较大，消耗人力物力较多，需细心准备、精心组织。

5. 面谈协调法

面商协调法是一种通过协调者与被协调者进行面对面的信息交流和协商，以解决矛盾和问题的协调法。一般应用于对象单一、事项不太复杂的情况，如普通的思想情绪问题等。被协调对象能充分感觉到被重视和信任，因此往往能收到良好的协调效果。

6. 心理协调法

心理协调法是一种把管理心理学知识运用到协调工作中，用以化解矛盾的协调方式。

7. 强制协调法

强制协调法是一种当下级部门就某一问题纠缠不清或因某些利益争执不休时，上级部门可以利用自己的权威地位，制定统一的行动方式，强制性地要求下级无条件接受和执行。

二、协调的技巧

协调的技巧是指富有创造性的协调工作的方式方法。秘书协调有别于领导协调，是一种非权力性的受权协调，从一般情况下，分为以下几种方法：

1. 摆正位置，自觉服务

秘书是领导的参谋与助手。秘书要想处理好与领导的关系，必须首先增强角色意识，树立服务观念，服从领导并为领导服务。具体有以下四点：①要维护领导的威信。②要尊重领导的意见和决策。③要尊重领导的职权。④要体谅领导的困难，为领导分忧。

2. 正确领会、贯彻、执行领导意图

正确领会、贯彻、执行领导意图，是秘书处理好同领导关系的基本出发点。什么是领导意图？领导意图其实就是指领导人、领导班子或领导机关在指导其社会组织实现目标的过程中所提出的意见和目标的实质，是领导提出的工作意见和总体所表达的真意、实质、核心、出发点和目的，是领导工作思想的具体体现。

那么，秘书人员应如何对待领导意图呢？

（1）秘书人员应在领导意图的形成过程中做好大量辅助性的服务工作。例如：收集信息、拟订方案、提出合理化建议等，以便为领导正确决策提供参考依据。

（2）对领导意图的形成背景及目的、作用有正确的认识和理解，才能把握领导意图的真正实质，从而做到正确地传达、贯彻、执行领导意图。

（3）秘书人员应做好领导意图贯彻执行中的信息反馈工作，将发现的问题或现象及时反馈给领导，使领导能够依据具体情况作出新的调整和安排。

3. 提高自身素养，增强办事能力

秘书的职业才干是做好秘书工作的基本功。另外，提高品德修养也是秘书人员搞好同事关系的重要影响因素。

4. 树立沟通意识，学会进谏

秘书人员作为领导的参谋和助手，必须时时与领导保持良好的沟通状态。秘书人员在协调过程中，需要大量的解释和说服工作，采取合适、得体的语言有利于协调工作取得成效。秘书人员在协调中应多注意语言的方式方法，利用幽默等方式调节氛围，让协调对象感受到愉悦和轻松，以冲淡或消除彼此之间的对立、僵持、争执等消极情绪并使其心悦诚服。

第四节　协调处理冲突

一、识别冲突发生的征兆

任何一个组织，几乎没有不发生冲突的团队。在某些情况下，冲突是公开、直接的。但大多数情况下，冲突会缓慢地形成，这种隐藏的冲突往往比公开的冲突更具有破坏性，阻碍团队的工作并破坏团队内的和睦气氛。通常这些征兆包括：①团队情绪消极，士气低下；②同事间相互防备或不愿意交谈；③总有人发表消极的言论；④组织内会议记录、电子邮件和备忘录数量明显增加，而同事之间的交谈减少。

二、冲突产生的原因

当冲突发生时，有可能存在于团队内，团队与团队之间也可能会发生冲突。冲突并不总是负面的，但破坏性的冲突将会给组织带来危害。以下因素是引发冲突的潜在原因：

（1）信息传达不够精确或不够完整。

（2）目标不同，难以合作。

当双方目标不一致时，冗长的争论很难避免。在目标不一致的情况下，寻求共识，是唯一能化解僵局的方法。

（3）责任不明，缺乏效率。

每个人做事都要依靠自己的方法，而做事方法和程序的差异，很可能就是引发冲突的原因。

（4）抵触或其他方面的感觉。

三、冲突处理的策略

我们对冲突的反应方式并不相同，这和冲突本身产生的原因，涉及的人以及我们的个人风格都有关系。以下介绍处理冲突的九种策略，需要注意的是，在实际运用中，可能你同时运用几种策略比单一运用某一种策略更加有效。

1. 按兵不动

面对不同的意见，单方面决定维持现状，不采取任何行动。这种策略只能暂时使用，不是一个最终的解决方法。适用状况：当你需要时间搜集更多资料、争取更多支持，或是暂时没有精力来处理这件事情时，可以考虑使用按兵不动的策略。这样做的好处是使你能够较从容地协调歧见，让彼此的情绪缓和下来。

2. 粉饰太平

以强调共同点、淡化差异点的方式，来推销你的观点。适用状况：当你对自己的想法很清楚，但缺乏决策者支持时，或是当你没有时间、精力去作长时间讨论时，都可以用这个策略。此外，当你觉得手中的资料可能会伤害到别人，或是别人没有能力去处理它，而你想要撤回时，也可以考虑利用这一策略来化解。

3. 铁令如山

单方面运用权势和影响力，使他人听从其意见。适用状况：当你对事情有绝对自信，非马上去做不可时；当你不相信别人的意见，不太可能改变自己的想法时；你认为事情没有重要到需要讨论时。

4. 制定规则

以客观的规定和准则作为处理不同意见的基础。适用状况：当决定的过程比结果更重要时；当任何进展都比原状好时。

5. 和平共存

在共同协议下，各执己见，各行其是。如果这样做花费太大，或容易造成混淆，则采用中间路线，以达到共同目标。适用状况：当争议双方都坚信自己的想法是对的时，先按自己的想法去做，试行三个月之后，再看看谁的办法最有效、最省钱。

6. 讨价还价

通过协商、交易，使存有争议的双方都能得到自己所希望的。适用状况：当协议达成，双方都能从中得到较大好处时。

7. 弃子投降

即使你不同意对方的看法，可是你仍然不表示意见，并按照对方的看法去做。适用状况：当你相信对方的专业能力的确高出你许多时，或当事情无关紧要，而对对方却非常重要时。

8. 全力支持

虽然你不太同意对方的观点，可是仍然愿意在一定的限度之内，支持并鼓励对方。适用状况：当对方能力不错但缺乏自信，而你又希望能帮助他时，你可以这样做。

9. 携手合作

通过一连串坦诚的讨论，将所有参与者的意见系统地整合在一起。适用状况：事情非常重要却很难妥协时；当所有参与者都非常值得信任，且有充裕时间可以互相沟通意见时。

总而言之，协调是一门大学问。秘书部门的协调工作，是在领导的协调任务下被授权、委托进行的一部分工作。要搞好各种协调工作，需要秘书人员从总体上来考虑，需要在协调、服务、联系上下工夫，抓工作计划，抓制度建设，抓横向联系。

练习题

1. 什么是协调工作？
2. 简述秘书部门协调工作的主要内容。
3. 协调工作主要运用哪些方法？

案例分析题

四川天一有限公司张总经理与王副经理，因为工作上的分歧，产生了误解，最近一段时间，他们的隔阂越来越大，矛盾也在加剧。总经理办公室蒋秘书想方设法在其间协调，但收效甚微，他们间的分歧和矛盾依然存在，双方都认为，是对方故意跟自己过不去。

机会终于来了，一天，总经理生病住进了医院，蒋秘书到医院看望，把带来的礼品放到床头，然后对总经理说："我是代表王副总经理来的。总经理病了，王总听说后，很关心，叫我同他一起来看望你，但在来医院的路上他被销售部经理叫去了，说有急事，非要回去处理不可。"张总听后很感动。过了一段时间，王副总经理病了，住进了同一家医院，蒋秘书到医院看望，又买了礼品放到床头，然后对王总说："我是受张总委托来的，张总原定下班后与我一起来医院看望你，临时业务部经理有急事，硬把他给拉走了。张总要我转达他对你的问候，并祝你早日康复！"躺在病床上的王总听后，感动得热泪盈眶，心想自己过去是错怪张总了，今后一定要配合张总积极工作。

经过蒋秘书从中协调，缩短了两位经理之间的距离，驱散了笼罩在他们心头的乌云。王总出院后，主动与张总打招呼，张总也热情问候，两人和好如初。

思考与分析：这个案例给做秘书的你有什么启迪？

第七章　商务活动与商务旅行

本章学习要求：

日常的商务交流对企业的生存和发展起着至关重要的作用。通过本章的学习，了解掌握会见与会谈、宴请活动、开放参观、签约仪式、庆典活动等商务活动实务的策划与实施，以便更好地提高学生的实际工作能力。要求通过本章的学习，领会并掌握各种商务活动的基本知识与技能；掌握各种商务活动会场布置要求及与会者的座次排位技巧；掌握各种商务活动的策划技巧；学会为上司的商务旅行设计旅行方案。

第一节　会见与会谈活动

一、什么是会见与会谈

会见，国际上一般称接见、拜会。身份高的人士会见身份低的，或者是主人会见客人，通常这种会见被称为接见、召见；身份低的人士会见身份高的，或者是客人会见主人，这种会见通常情况下被称为拜会、拜见。接见与拜会后的回访，一般称为回拜。中国一般不作上述细分，而是一律统称为会见。

就其内容讲，有礼节性的、政治性的和事务性的，或者各方面兼而有之。事务性的会见，通常企业中比较常见，主要是涉及社交上的礼节性会见和业务商谈、经贸洽谈等内容。政治性会见一般是涉及双边关系、国际局势等方面的重大问题。而礼节性的会见较为普遍，一般会见时间较短，话题也比较广泛。

会谈是指双方或者多方就某些重大的政治、经济、军事、文化及其他各方共同关心的问题交换意见。一般来讲，会谈的内容比较正式，专业性较强，在企业中主要是指商务谈判和业务谈判。

二、会见与会谈的安排

1. 会见与会谈的准备工作

在正式活动开始前，了解求见者的人数、姓名、职务、业务性质、来访目的以及求见者的社会背景、风俗习惯、礼仪禁忌等特征。

2. 确定会见的人员、时间和地点

确定参加会见的领导以及指定的陪同人员。参加的人不宜过多，只需要相关人员参加即可。在时间上，会见的时间应该根据主办方出面会见的领导人的工作日程来具体安排，同时还应该考虑客人的来访活动的日程安排。会见的地点一般安排在主人的办公室、会客室或者小型会议室。

3. 会见的场所及座位安排

会见的座位安排有多种不同的形式，有宾主分开各坐一方的，有宾主穿插坐在一起的。通常情况下，主宾、主人席安排在面对正门的位置，客人的座位安排在主人的右侧，其他客人按照礼宾顺序在主宾一侧就座，主方陪见人在主人一侧按身份高低就座。

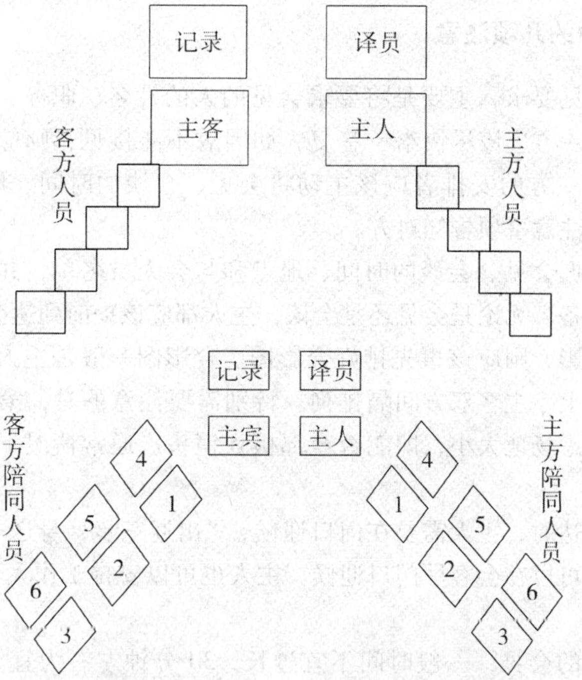

图 7－1　会见的场所及座位安排

为了确保会见的顺利进行，对场地的各种设备要提前进行安装调试。首先，确认会场内的扩音器、音响及录音设备是否安装到位。其次，准备好足够的桌椅按照会见座次标准布置妥当，在每个座位对应的桌子上放置座位卡，引导客人就座。最后，配备足够的茶水、饮料等。

4. 会谈的座位安排及会场布置

由于规格不同、参加人数不同、持续时间不同，会谈比会见要相对复杂一些。

会谈分为双边会谈与多边会谈。双边会谈通常使用长方形或者是椭圆形的桌子；多边会谈则多采用圆形或者方形的桌子。不论是怎样的形式，都以面对正门为上座。双边会谈时，宾主相对而坐，以正门为准，主人占背门一侧，客人面向正门。双方主谈人各自居中而坐。涉外会谈中，我国习惯性地把翻译人员安排在主谈人的右侧，但是有些国家则习惯让翻译人员坐在主谈人的后面。通常情况下，应该尊重主人的安排，以主人安排的座次为准。其他与会人员按照礼宾顺序左右排列。记录员可以安排在后面，如果参加会谈的人数不多，也可以将记录员安排在会谈桌就座。

如会谈长桌一端向正面，则以入门的方向为准，右为客方，左为主方。小范围的会谈也可以不用桌子，只需要设有沙发，双方按照会见座位安排就座即可。在会谈场地正门口还应该安排专门的迎送客人，提前对场地所需要的音响设备进行调试，确保会议的正常使用。

如果是涉外宾客，那么在会谈场所布置上应该注意以下两点：第一，会谈桌上应放置两国国旗。第二，桌上放置的座位卡，应该使用中、外两种文字，注意主方文字写在上面，客方文字写在下面。注意字体要求清晰、工整，以便与会者能够对号入座。

三、会见与会谈中的几项注意

第一，提出会见要求，主要是将要求会见的人的姓名、职务、目的以及会见什么人告知对方。接见一方应该尽快给予答复，如因故不能接见，则应该婉言拒绝。如果同意接见，则接见一方的安排者应该主动将会见、会谈的时间、地点、主方出席人、具体安排及相关的注意事项告知对方。

第二，准确掌握会见、会谈的时间、地点和与会人员名单，并且通知相关人员及单位作好必要的准备。无论是会见还是会谈，主人都应该提前到达会场。

第三，如有合影，则应该事先排好合影图。合影图一般是主人居中，按照礼宾顺序，以主人右手为上，主客双方间隔排列。特别需要注意的是，第一排人员既要考虑人员身份，又要考虑场地大小，即能否全部摄入镜头。通常情况下，两端都是由主方人员在最外侧。

第四，客人到达时，主人需要在门口迎候，“出迎三步，身送七步”。主人可以在大楼正门迎候，也可以在会客厅门口迎候。主人也可以安排工作人员在大楼门口迎候，引入会客厅。

第五，礼节性的会见，一般时间不宜过长，30 分钟左右为宜。日常交往过程中，客人来访后，相隔一段时间后应该给予回访。需要注意的是，如遇客人为了祝贺节日、生日、庆典等喜庆日的来访，则可以不必回访，但是在对方的节日、生日等应该前往拜访表示祝贺。

第二节　宴请活动

一、宴请的组织

宴请是商务活动中最常见的交际活动之一。由于宴请工作的种类不同，宴请组织工作也有较大差别。

二、宴请的分类

宴请根据组织自己的不同特点和习惯、活动目的不同等原因可以分为宴会、冷餐会、招待会、酒会和茶会等，谈判宴请通常分为正式宴会、便宴和工作餐、家宴等，根据时间的不同通常可分为早宴、午宴、晚宴等，其中以晚宴最为隆重。

1. 宴会

（1）正式宴会

出席人员规格不同，需排座次，席间核心人员要致辞或祝酒。

（2）便宴

便宴即非正式宴会，较随便、亲切，宜用于日常友好交往。便宴可以分为早宴、午宴、晚宴，可以不排座次，不作正式讲话。

（3）家宴

家宴在家中设的便宴，往往由主妇亲自下厨烹调，家人共同招待。表示合作的意向。

2. 招待会

招待会是指各种不备正餐、较为灵活的宴请形式，备有食品、酒水饮料，一般不排座位，可以自由活动。常见的招待会有以下三种：

（1）冷餐会（自助餐）

规格隆重程度可高可低，通常用于官方正式活动，以宴请众多的宾客。一般在中午 12 时至 14 时、17 时至 19 时左右举办。菜肴以冷菜为主，也可以用热菜，连同餐具陈设在桌上。客人不排坐位，可以多次取食。酒水可放在桌上，也可由招待员端送。冷餐会可不设桌椅，站立就餐，也可设桌椅自由入座；可设在室内，也可设在室外、花园里。

（2）酒会

酒会规格可高可低，适用于各种节日、庆典、欢迎及招待演出前后。其形式活泼，便于广泛交流。酒会不设座椅，仅放置小桌，以便客人随意走动；以酒水为主，但不一定是鸡尾酒，配以各种小吃、果汁，不用或者少用烈性酒。在时间安排上，酒会较为随意，中午、下午、晚上均可举行，在请柬中往往注明整个活动延续时间，客人可在期间内任何时间到达或退席，比较随意，不受约束。

（3）茶会

茶会是一种较为简便的招待形式，请客人品茶交谈，一般在 16 时左右（亦可上午 10 时）举行。茶会通常设在客厅，内设茶几、座椅，不排席位，如为贵宾举行，则应与主人安排在一起，其他人则可随意。茶叶、茶具要有特色，根据客人的习惯进行安排调整，如果客人是外国人，要注意外国人一般习惯饮用红茶或者咖啡，略备些点心。

3. 工作餐

这是现代商务交际中经常采用的一种非正式的宴请形式，通常在日程安排较为紧张时采用。利用进餐时间，边吃边谈。工作餐可以根据时间的不同分为：工作早餐、工作午餐、工作晚餐，只需要请工作人员参加即可。主客双方工作进餐往往需要进行席位排列，为了便于交谈，常用长桌。

第三节　开放参观与签约仪式

开放参观是社会组织为了让公众更好地了解自己，邀请公众参观组织内部的工作环境、设备设施以及作品成就等，通过公众的亲眼目睹、亲身经历赢得公众的理解与支持的公共关系活动。其目的是通过增加组织的透明度，争取更多的公众的理解与支持，扩大组织的知名度和美誉度。另外，开放参观可以帮助组织消除某些公众的不理解和顾虑，改善公众关系，表明组织的存在实际上是有利于社会和公众的。如苏联切尔诺贝利核事故发生后，我国政府通过不懈努力，改变香港各界对兴建大亚湾核电站的抵触情绪，平息风波。

一、开放参观的类型

1. 专题性参观和常规性参观

专题性开放参观是指有特定目的、围绕一个专题而进行的一种参观活动。如上海电视台为了使本台职工家属支持和协助职工工作，特意组织了一次职工家属参观电视台的活动。通过参观，使家属们认识到自己亲人工作的重要性，从而能够体谅亲人的工作，坚定地支持其工作。而常规性参观一般没有特定的主题，是组织常规工作的一项内容。如每逢工厂周年纪念日、传统节日或者每月一次的定期开放参观等。

2. 特殊参观和一般参观

特殊参观是指对特定的公众对象开放的具有针对性的参观活动。如上级部门领导人的视察参观、组织学生来单位参观等。一般参观就是对公众对象不加限制的参观。这种参观应该事先通过通知、告示或者其他传播手段广泛宣传开放参观的目的、时间及参观须知，争取尽可能多的参观者来组织进行参观。

开放参观要求组织的公关人员要认真充分地作好参观活动的组织工作。

二、开放参观的组织工作

1. 分析必要性

开放参观活动是一个复杂的工作过程，它需要组织投入大量的人力、物力和财力进行周密的准备和安排。组织者需要有明确的目的，即为什么要举办这次参观活动，希望在这次活动中达到怎样的效果，组织是否对举办条件作了充分的分析研究。

2. 明确参观活动的主题和目的

任何一次开放参观，都必须有一个明确的主题，即想通过这次活动达到什么样的效果，给参观者留下什么样的印象。常见的主题：强调企业的优良环境，组织是社区理想的一员，帮助社会和为公众造福。

3. 确定参观时间

开放参观可以是常年进行，也可以是定期进行。通常讲，开放参观一般是安排在一些比较特殊的日子，例如：周年纪念日、逢年过节或者其开工日等。还要注意考虑季节、气候等因素。如暮春、初秋气温较好，是非常理想的参观时间，太热或者是太冷都不宜安排参观，同时还应该避免一些对有关公众更有吸引力的社会活动日期等。

4. 确定邀请对象

参观活动的邀请对象主要有以下几类：

（1）内部公众及员工家属：社会组织邀请员工及员工家属前来参观工作环境与工作成果，让他们了解自己或自己亲人所从事工作的意义及重要性，以便在未来的工作中给予更大的支持。

（2）逆意公众：邀请那些对社会组织的政策、行为或产品持否定意向和反对态度的公众对象来参加参观活动，改变他们对社会组织的态度，从而影响更多的公众。

（3）新闻媒介：邀请新闻界团体、节目主持人、专栏作家等参加参观活动，以便取得他们对本组织的了解和支持，借助新闻媒体及时扩大社会组织的影响。

（4）其他：社会组织还可以邀请各级政府部门，专家学者、科研机构以及各社会福利团体、组织等参加参观活动。

总之，组织应该根据参观活动的目的和主题选择相应的公众对象参加参观活动。

5. 拟定参观活动路线

参观活动不是一种随便的活动，它拥有自己的主题和目的，为了避免参观者随意走动，社会组织要提前拟定好参观路线，制作向导图及标志，标明办公室、餐厅、休息室、厕所等有关方位。如果有保密和安全需要，应该注意标注提示，防止参观者越过所限范围发生意外事故或影响正常的工作秩序。

6. 做好宣传的准备工作

为了让参观活动得到期待的效果，要在活动开始之前准备一份简单易懂、清晰明了的说明书或宣传材料。在参观之前，可以先播放一段简短的录像片或者幻灯片进行介绍，帮助参观者了解组织的主要概况，再由向导陪同参观者沿参观路线作进一步解释和回答问题。在陪同参观的过程中，最好将参观者分为十人以内一组，这样更有利于参观效果的实现。陪同解说人员的解说词要写得简明扼要，配以图表、数字、照片、图片等形象宣传会更有说服力。

7. 其他工作安排

准备好辅助设备，例如停车场地、休息场所、会议室等。参观场所应设路标，如是特殊参观还应该特别准备，比如用餐或用车等。另外还要提前对参与开放参观的工作人员进行培训，主要是有针对性地培训讲解员、接待员、服务员等。

对外开放参观活动不仅仅是公关部门的责任，也是组织内全体员工的责任，除了公关部门的准备、组织工作要做好外，还要让员工了解开放的责任，并且积极配合，保证各条沟通路线畅通，使参观者各方面都感到满意，留下美好的印象。参观活动结束后，还需要进行一系列的工作，例如向参观者致函道谢、向社会各界登报鸣谢、召开参观者代表座谈会听取意见和建议予以改进。

组织开放参观活动是一项繁杂的公关活动，但它也是一项可以帮助组织提高组织的知名度和美誉度的、使公众对组织产生兴趣和好感的很好的公关活动。

三、签字仪式

在商务活动中，通过洽谈产生的正式文件一般都需要举行签字仪式正式签署方能生效。签字仪式是表明会谈各方对文件约束力的认可，体现各方对会谈成果的重视，同时签字仪式还具有见证和宣传的作用。签约仪式的参加对象通常包括：主签人、助签人、致辞人、主持人、记者等。

1. 准备工作

（1）文本准备

主客双方需要在合同文本中亲自确认完成签约仪式，而合同文本的材质一般以高品质的铜版纸印制，主客双方在文本上签名的位置是左右并排，主方文本上的主方签名在左，客方在右。

（2）现场布置和物品准备

A. 签字桌椅。在室内铺满地毯，摆放桌椅，并在签字桌上铺设台布。

B. 席位卡。按照国际惯例，客方主签人坐在主方主签人右侧，席位卡的摆放也需要按照此顺序摆放在签字桌上，签字人席位的正前方。

C. 文具。包括签字笔两支，吸墨器两个，主方工作人员对文具进行事前的检查试用。

D. 文本。主客双方各一份正本、两个副本。

E. 参加人员位置。参加签字仪式的其他人员面向签字桌，按照双方职位的高低分别向两侧顺排，立于双方主签人的后面。

F. 会标。将会标“×××有限公司和×××有限公司签字仪式”挂于签字桌后面的墙上。

G. 香槟酒、酒杯及花篮。在签字桌上，位于主客双方主签人前方的位置处放置两个花篮，并且由主方工作人员将香槟酒、酒杯等准备好，在签字结束后举杯庆祝。

2. 签约仪式程序

（1）参加签约仪式的双方代表及特约嘉宾按时步入签字仪式现场。

（2）签约者在签约台前入座，其他人员分主、客各站一边，按照其身份自里向外依次由高到低，列于各自签约者的座位之后。

（3）双方助签人员分别站立在自己签约者的外侧。

（4）签约仪式开始后，助签人员翻开文本，指明具体的签字处，由签字人签上自己的姓名，并由助签人员将已经签了字的文本递交给对方助签人员，交换对方的文本再签字。

（5）双方保存的协议文本都签好字以后，由双方的签字人自己郑重地相互交换文本，同时握手致意、祝贺，双方站立人员同时鼓掌。

（6）协议文本交换后，服务人员用托盘端上香槟酒，双方签约人员举杯同庆，以增添合作的愉快气氛。

（7）签约仪式结束后，双方可共同接受媒体采访。退场时，可安排客方人员先走，主方送客后自己再离开。

第四节　庆典活动与剪彩仪式

庆典活动是社会组织围绕重大节日或自身重大事件举行庆祝的一种公共关系专题活动。组织自成立之后，每逢重大节日或者重要事件、组织的纪念日、某项工程的开业或竣工，都要举行隆重的活动，并且借这些活动对内营造和谐气氛，增强员工凝聚力，对外协调关系，扩大宣传，塑造形象。

一、庆典活动的要求

组织庆典活动总的要求是喜庆的气氛、隆重的场面、热烈的情绪、灵活的形式、较高的规范性和礼宾要求。

组织庆典活传播媒介体现着吉祥、和美、欢乐之意，要求组织者突出营造欢喜吉庆的氛围。隆重的场面要求组织者在开展活动的过程中，通过环境布置来体现隆重和喜庆，以吸引公众的注意，扩大组织的知名度、美誉度以及社会影响。

热烈的情绪是指通过欢喜的气氛和隆重的场面，对庆典活动进行渲染或者是依靠组织设计者的精心策划体现参加者兴奋、高昂的情绪。如在剪彩过程中播放欢快喜庆的背景音乐等。

灵活的形式是指庆典活动不是千篇一律的典礼仪式，可以通过创意，借用其他如联谊活动、赞助活动、文化艺术活动等来体现其独特特性，增强活动的效果。也可以在典礼活动如剪彩或议程上进行策划，创造出新鲜感和轰动效应。

较高的规范性和礼宾要求是指组织庆典活动要注意礼节和礼貌，这一方面是说活动的组织者和出席者要注意个人的礼节和仪表，另一方面要求强调组织活动和礼仪服务。

二、庆典活动的策划与实施

不同类型的庆典活动，策划与实施的具体内容也不完全一致，但一般来说，任何庆典活动需认真做好以下工作。

（1）确定邀请宾客的名单，邀请的宾客应包括政府有关部门负责人、社区负责人、知名人士、社团代表、同行业代表、新闻代表、公众代表等。请柬应提前一到两周寄出，以便被邀请者安排时间，按时出席庆典活动。

（2）制订典礼程序表。庆典活动的一般程序为：宣布庆典或仪式开始，宣读重要来宾名单，剪彩或授旗、授勋，签字与互换文本、致辞等。程序表提前印制好，在来宾到来之前分发到每个座位上，也可以在签到时发给宾客。

（3）确定致辞人员名单，并为本单位负责人拟写演讲稿。如果请贵宾致辞时，应提前通知他们，以便让他们作好充分准备，并在活动开始前逐一落实。

（4）确定剪彩人员或发奖人员名单。在剪彩人与发奖人名单中，既要有一些请来的上级领导、社会知名人士，也要有消费者代表和本单位的负责人。

（5）安排好工作人员与服务人员。应事先确定接待、摄影、录像、播音等有关的工作人员与服务人员，这些人员要在庆典活动开始前和庆典活动中在指定的岗位上各司其职。为剪彩服务的礼仪小姐以穿红色旗袍为宜，鞋袜统一，身披绶带，画好淡妆。

（6）接待好新闻记者。要安排专人接待新闻记者，为他们提供方便。大型的庆典活动最好设立新闻中心，其组织方式与新闻发布会相似。

（7）典礼开始前 5 分钟，要有礼仪人员引导贵宾及本单位负责人进入既定区域。主席台上的座位以正中间为尊，分左右两边依次排开。对一般宾客也应热情周到地安排座次，切不可冷淡他们。

（8）有些庆典活动还要在仪式结束后由专人陪同来宾进行参观。

三、庆典活动的形式

庆典活动在形式上一般有开幕庆典、闭幕庆典、特别庆典和节庆活动等。

1. 开幕庆典

开幕庆典即开幕式。它是指第一次与公众见面的展现组织新风貌的各种庆典活动，包括各种博览会、展览会、运动会和各种文化节日的开幕典礼、组织或企业的开业典礼、重要工程的开工典礼或奠基典礼、重要设备及工程首次运行或运转的庆祝活动等，如通邮、通车、通航等典礼活动。

在举办开幕典礼之前，工作人员需要作好充分的准备。通过各种新闻媒体，将组织的开幕信息向社会进行广泛的传播，为开幕庆典活动制造一种气氛。同时，还要确定好出席典礼的宾客名单、剪彩人及致辞人名单，安排好接待事宜、典礼程序及助兴节目等。

由于开幕典礼一类的活动司空见惯，很难引起人们的注意。如果没有较高的立意和较强的创新意识，这类活动很容易流于形式。这就要求工作人员在策划开幕庆典活动时，对所要举行的开幕典礼活动有一个恰当的定位，以新颖的创意、完整的程序、丰富的内涵来吸引公众的注意。

2. 闭幕庆典

闭幕庆典是组织重要活动的闭幕式或者活动结束时的庆祝仪式，包括各种博览会、运动会和文化节日的闭幕典礼、重要工程的竣工或落成典礼、学校学生的毕业典礼、组织重要活动或系列活动的总结表彰或者为圆满结束举行的各种庆祝活动等。

策划和组织闭幕庆典活动时，组织工作人员应注意的是，闭幕庆典是活动的尾声，与开幕式相比，其受重视的程度和隆重的程度较弱，多用于强调活动的有始有终、圆满结束，体现系统性特点和欢迎再次相聚等象征意义。闭幕庆典的策划和组织同开幕式庆典有很多相似之处，这里不再赘述。

3. 周年庆典

与一般庆典活动相比，周年庆典有其独特的要求：

（1）作为组织发展过程中的里程碑，周年庆典需体现总结过去、继往开来的内涵

组织周年纪念日是组织发展的里程碑，需要借庆典活动之机对组织过去进行回顾和总结，对组织未来进行展望。如许多组织在周年纪念日时编写或修订厂史或校史等

组织的历史记录，举办组织历史展览和未来规划展览。

（2）作为组织的节日，周年庆典应强化对内部员工进行热爱组织教育、热爱本职工作教育的主题

组织周年庆典应该要求全体员工统一着装，如穿工厂厂服或店服，戴厂徽或店徽，庆典仪式上升厂旗、奏厂歌或店歌。为配合周年庆典纪念活动，可组织类似学校的校园文化节或者其他的主题活动，起到欢庆和教育的双重作用。

（3）作为庆典活动，周年庆典应突出节日的喜庆气氛

组织的周年是组织自己的纪念日和节日，庆典仪式或者纪念活动应采取各种方式来渲染节日喜庆的气氛，并为来宾提供良好的礼宾服务。

（4）周年庆典应围绕组织周年纪念中心内容进行创意，以增强活动的独特性和对公众的吸引力

组织周年庆典活动不能总是采用一样的模式，公关人员应发挥其创造性。如美国某连锁商店开业 30 周年纪念日时，为了使这次庆典活动在公众心目中产生轰动效应，满足社会公众的求奇心理和为组织塑造良好形象，公司总裁为一位在公司商店门口擦了 25 年皮鞋的老黑人举办了一次活动。利用这个颇具影响的事件引起了新闻界和公众的好奇心，调动了公司员工的积极性。

4. 特别庆典

特别庆典是组织为了提高其知名度和声誉，利用某些具有特殊纪念意义的事件或者为了某种特定目的，策划组织的庆典活动。

一般来说，根据不同的目的，组织的特别庆典可采用不同的方式：

（1）以制造新闻、吸引外界为主要目的。如酒店宾馆可策划组织迎来第 10 万名宾客的庆典活动，大型展览会上企业可策划组织本展台迎来第 1 万名参加者的庆典活动。

（2）以强化观念、引起注意为主要目的。如邮政部门策划组织 3000 天无错邮纪念活动，交通部门策划组织安全行车 1000 天纪念活动，采矿企业举办安全采煤 8000 天纪念活动等。

（3）以关心组织员工、增进内部团结为主要目的。如学校为年满 18 周岁的青年举行成人仪式；企业为婚龄男女员工举办集体婚礼，为退休老职工举办银婚纪念等活动。

（4）以关心社会、宣传自己为主要目的。如组织根据其特点策划世界环境日纪念活动、消费者权益保护法颁布 10 周年庆祝活动等。

组织人员应注意辨别选择时机，策划组织具有独特创意的特别庆典活动，为实现组织的目标服务。

5. 节庆活动

节庆活动是为节日或共同的喜事而举行的、表示快乐或纪念的庆祝活动。节庆日是组织特别是宾馆等服务性企业开展公关活动的良好时机。

首先，要区分节庆活动的重点。各国、各民族的节庆日名目繁多，大体可分为法定节日、民间传统节日两大类。法定节日中除宾客所在国的国庆可向其表示庆贺外，逢我国国庆，亦可酌量安排一些电影、文艺招待等活动。其他的法定节日，无论是我国或他国的节日，一般由国家、政府首脑或军事首长主持，具体单位则不必另行安排

庆祝活动。民间传统节日中除各国基本相通的元旦外，世界各国都有各自的传统的民间节日和宗教节日，应列为公共关系节庆活动的重点。

其次，开展节庆活动，贵在富有传统特色。例如，广州许多宾馆在我国春节、中秋节等节日，按照我国的传统方式，请宾客吃“年夜饭”、组织员工向他们拜年、请他们中秋赏月、品尝优质月饼、组织他们观看一些富有我国民族特色的文艺节目等。这样做，国内的同胞感到分外亲切，缓解了思乡之情；国外宾客则能领略异国他乡的特殊风情，增添旅游生活的欢乐和愉快。同样，对于圣诞节、开斋节、浴佛节等重要的宗教节日，对相关的宾客也能按宗教的特殊规定和要求予以庆贺并开展相应的服务，能起到尊敬顾客、加深友情的作用。对信奉基督教的西方宾客来说，在圣诞节祝他“圣诞快乐”或赠送“圣诞卡”或圣诞礼物，往往能使该宾客感到分外亲切。

四、剪彩仪式

通常，在开业、展览时，或在具有较大意义的工程项目的开工与竣工时，一般都会举行一个剪彩仪式。

据说，剪彩仪式的产生纯属偶然，它起源于美国。有一个小店准备开张的吉日已定，为了激起顾客的好奇心，店主在店门口拉了一根绳子，时辰不到，顾客就要等候在门外。快要开张的时间了，他可爱的小女儿突然冲进店里找父亲，不小心撞断了绳子。等在门外的顾客以为开张了，便蜂拥而入，商店从此财源茂盛，十分兴旺。于是人们以为是这根绳子帮了忙。以后人们便模仿该店，有意识地举行一个剪绳仪式，再逐渐发展为今天的多种形式。从剪彩的起源可以看出，人们总是把剪彩当做吉利与繁荣的象征，现在人们开始用它作为组织的宣传活动，以吸引公众。

一般剪彩时应该注意以下方面的问题：

（1）合理拟定仪式的程序。剪彩仪式一般包括主持人宣布仪式开始、剪彩、致贺词、致谢辞、余兴节目等议程。仪式后可安排一些其他活动如招待会、宴会、舞会、参观活动等。

（2）服务工作。包括签到、接待、摄影摄像、迎送宾客、安排休息场所、布置现场等。

（3）仪式主要人员的确定。首先确定好致辞的宾客名单和答辞人名单。最后还要选择好仪式的礼仪小姐或礼仪先生。

（4）准备剪彩工具。如彩带、彩球、剪刀、托盘、音响设备等。

（5）活动安排要多样化。在仪式上可适度安排一些余兴节目，如锣鼓、歌舞、礼花鞭炮、文艺节目等；仪式结束后可安排一些其他活动如宴会、舞会、酒会，便于来宾相互交流；还可组织来宾参观工程模型、新的厂房设备等。

（6）发放宣传资料和印有特色标记的纪念品。

（7）要特别做好媒介人员和知名人士的接待工作。

剪彩仪式是组织新形象在公众面前的第一次亮相，可为组织赢得公众的赞美，工作人员必须精心加以策划并做好各个细节的工作。

第五节　上司商务旅行的安排

上司因为工作需要，经常要作商务旅行，作为秘书应该了解上司旅行的目的、地点、时间、陪同人员以及商务活动参与者等情况，有针对性地作好旅行的各项准备工作。秘书要为上司的商务旅行提供一流的优质服务，除为上司筛选相关住处资料及作好其他准备工作外，很重要的一项工作就是制订一份合理的旅行行程、工作计划表，使上司在有限的时间内，有条不紊地、高效率地完成预定任务。

一、商务旅行准备的要求

根据公司对不同级别领导的差旅报销标准，弄清上司差旅费用的报销等级和应该享受的待遇，在订房、订票时充分考虑上司的个人习惯和喜好。注意平时多多关注订房订票的相关知识，并且及时更新信息，以确保工作的顺利进行。

二、为上司安排商务旅行的工作程序

1. 制订商务旅行计划

（1）出差的时间、启程及返回日期，接站安排。

（2）出差的路线、终点及途经地点和住宿安排。

（3）会晤计划（人员、地点、日期和时间）。

（4）交通工具的选择，飞机、火车、大巴或轿车。飞机要列明客舱种类及停留地的交通安排。

（5）需要携带的文件、合同、样品及其他资料。如谈判合同、协议书、科技或产品资料、演讲稿和与会国的指南等。

（6）上司或接待人的特别要求。

（7）上司旅行区域的天气情况。

（8）行程安排，约会、会议计划，会晤人员的名单及背景，会晤主题。

（9）差旅费用、现金、兑换外币、办理旅行支票。

（10）上司的住宅电话号码。

注意：计划制订完成后，要向上司汇报，按照上司指示调整旅程安排。

2. 制作旅程表

一份周密的旅程表主要包括六项内容：日期、时间、地点、交通工具、具体事项和备注。

（1）日期：指某月、某日、星期几。

（2）时间：一是指旅行出发、返回时间，包括因商务活动需要到两个或两个以上的国家或地区的抵离时间和中转时间。如果需要中转时，尽量选择衔接时间在 2 ~4 小时的班机，将因中转而导致的时间浪费情况减少到最低限度。二是指旅行过程中各项活动或工作时间。三是指旅行期间就餐、休息的时间。

（3）地点：一是指旅行抵达的目的地（包括中转的地点）。目的地的名称既可以详写，即哪个国家、哪个地区、哪个公司，也可以略写，即直接写到达的公司名称；二是指旅行过程中开展的各项活动或工作的地点；三是指食宿地点。

（4）交通工具：一是指出发、返回的交通工具；二是指商务活动使用的交通工具。

（5）具体事项：一是指商务活动内容，如访问、洽谈、会议、宴请、娱乐活动等；二是指私人事务活动。

（6）备注：记载提醒经理注意的事项，诸如中转站的名称，休息时间，飞机起飞的时间，或需要中转时转机机场的名称、时间，或某国家为旅客提供了特殊服务等，或展开活动时，就餐时要注意携带哪些有关文件契约，应该遵守对方民族习惯的注意事项等。

旅程表应一式三份（或几份），一份存档，一份给上司及其家属，秘书存留一份。

旅程表范例如表 7-1 所示。

表 7-1　旅程表范例

上海—北京—西安 5 月 5 日—5 月 7 日				
日程安排				
日期	时间	交通工具	预定行程	备注
5/5 星期三	9：50～11：00	DH851 班机（浦东机场）	从上海至北京。住皇朝宾馆（机场至宾馆 30 分钟），预订 5/6 北京至西安火车票	8：30 派车去总经理家接
	14：00～16：00		参观北京天成公司，参考产品质量	天成公司厂长秘书机场接
	18：00～20：00		应酬	
5/6 星期四	9：00～11：30		商务会谈	
	14：30～16：00		会谈或签约	
	19：00～20：30	火车	从北京至西安，住西安饭店	确认次日机票
5/7 星期五	9：00～10：30		拜访西安大地公司总经理，洽谈商务	
	12：00～13：00		视察本公司驻西安的办事处	
	14：00～16：50	飞机	返回	公司派车去机场接

三、商务资料的准备

为上司准备好此次商务旅行所需要的文件资料，例如，谈判提纲、合同草案、协议书、演讲稿、讨论有关问题的信件、科技及产品信息、对方公司的相关资料等。

四、为上司办理出国手续

（1）撰写出国申请。申请内容包含出国事由、路线（所在国名）、日程安排、人数，并且附相关说明。

（2）办理护照。携带相关证件和照片去公安机关或相关机构，填写有关卡片和申请表，仔细检查护照并签字。

（3）办理签证。交护照并填写签证表。

（4）协助办理国际预防接种证书（即“黄皮书”，凭护照和签证到当地卫生检疫部门进行卫生检疫和预防接种后领取黄皮书，并且仔细检查）。

（5）协助办理出境登记卡。凭护照、户口簿、居民身份证办理。

（6）订购机票（船票、车票）。需要出示护照并仔细查对机票。

（7）办理保险。通过代理人直接由保险公司安排。

练习题

1. 简述会见与会谈活动的不同之处。
2. 简述开放参观的类型。
3. 如何组织好庆典活动？
4. 为上司安排境外商务旅行的工作程序与注意事项有哪些？

实训题

实训项目：签字仪式

（1）实训目标：通过训练，学生掌握签字仪式的准备工作及签字仪式的程序。

（2）实训内容：北京远达公司是一家大型私营企业，最近，公司即将与德国的一个同行企业签订技术合作业务，共同研制了一种新型的产品，并于近期签订了合同。请组织模拟此次签约仪式。

（3）实训要求：以小组为单位，共同完成此项任务；操作中需要的物品及文字材料，要求学生课前准备或制作。如条幅、签字笔、合同书、文件夹、国旗、托盘等。如果没有，可以用替代物或自行制作，完成后，由每组一名成员向其他同学讲解会场的布置及对整个签字仪式操作过程的总结。

第八章　参谋与信息工作

本章学习要求：

学习秘书的职责任务，做好参谋与信息工作，包括协助党委做好中心组理论学习的组织、管理和服务工作。当好参谋，就是学习秘书要对怎样搞好中心组理论学习积极提出建议，并做好各项学习制度的落实。当好助手，就是要在为领导干部自学和集中研讨作资料准备、辅导以及开展课题调研等方面提供服务。广泛、周密、经常地收集情况和资料（信息）；协助领导制定工作规划、计划以及各种政策、法令；协助领导宣传贯彻领导机关的各项决策；督促检查决策的执行情况；协助领导与各方面取得工作联系，协助处理各种事务性工作。

第一节　秘书的参谋工作

随着改革开放的不断深入，管理更加体现出了重要性。在管理中，决策和执行是其核心内容。在构建和谐社会时期，领导者必须以科学发展观来决策与执行。要做到这一点仅靠领导个人智慧是不够的，必须发挥秘书参谋的辅助作用。只有这样才能在纷繁复杂的环境中取得辉煌业绩。那么在辅助中是否有规律可循呢？当然是肯定的。秘书参谋像其他事物一样也是有规律可循的。

一、秘书的参谋工作

1. 对领导思想具有充实完善的作用

秘书参谋工作寓于各项工作之中，有了秘书参谋工作就有了参谋。它是社会需要产生的，随社会的发展而发展。在殷商时代，“巫”、“史”就是当时奴隶制国家统治者身边的工作人员。封建时代的秘书性参谋活动较之奴隶制时期出现了以下变化：出现了规模较大的出纳诏令奏折、参议国政，起咨询作用的秘书性机构。由于有决策者和秘书参谋者两方面的有利条件，封建社会时期参谋沟通通畅，干扰较少，发挥的社会作用十分显著。

未来的领导者将在个人综合素质、科技文化及管理水平上都有大幅度的提高，科学决策能力也将极大地增强。但是，未来管理环境的复杂性、风险性、竞争性，使领导者将承受更大的压力。因此对于领导者来说，除了不断增强自身素质外，还要增强秘书参谋的能力，使其有效提供综合辅助的作用，对决策和管理进行补充和优化。未来发展要求领导决策水平与秘书参谋水平同步提高。因此，秘书参谋是社会发展的需要，随社会的发展而不断发展。

2. 对领导决策具有辅助取舍的作用

秘书参谋工作服从领导决策意图，是工作性质和地位的客观要求。秘书参谋工作的根本性质是辅助性，是对领导工作进行直接的、综合的、执行性的辅助活动。秘书参谋工作地位的从属性，也决定了其在一切活动中，必然受到领导意图的影响和制约。

3. 必须与领导决策相一致

秘书参谋工作的性质和特点，决定了秘书参谋活动的内容十分广泛，涉及职责范围内与领导活动事务相关的一切领域。这主要有两个方面：与领导决策活动有关的内容，与领导日常事务有关的内容。政治上，秘书参谋在这两个方面都应当发挥作用，但应侧重于满足领导决策的需要，围绕领导决策开展活动。

4. 必须与领导者的决策相适应

秘书参谋方法的采用，应与领导者的决策特征相适应，对不同的领导者采取不同的方法。对同一领导者，因内容不同而采用的方法也应有别。

5. 必须摆正与领导的关系

秘书参谋与领导的关系在不同的环境中，有着不同的内容。政治上，秘书参谋与领导是同志关系，参谋与领导都是人民的公仆，都是为人民服务的；组织上，是上下级关系，秘书参谋在领导的直接领导下工作，按领导的意图办事，下级服从上级，秘书参谋服从领导；工作上，是主从关系，领导处于主导地位，秘书参谋处于从属地位，为领导服务。

6. 必须具备的基本素养

思想政治素质是秘书参谋工作的基本保证。秘书参谋的政治态度，首先表现为讲政治。要有实现共产主义理想的坚定信仰，确保鲜明正确的政治态度和立场。这对正确处理各种利益关系有着十分重要的意义。

秘书参谋人员的业务素养。要终生学习，厚实功底；要深入调查研究，吃透“下情”；要钻研业务，灵活头脑；要平衡心理，稳定心态；要坚定信心，增强意志；要完善性格，宽阔胸怀。

二、秘书参谋在具体工作中的体现

1. 调查研究中的参谋

调查研究的目的是为领导决策提供第一手可靠信息。从某种意义上说，秘书部门的调查研究都是为了向领导提供决策参考。在调查研究中，秘书的参谋咨询主要体现在以下几个环节：①在领导确定调查对象和范围时，为领导提供初步信息，并提出具体建议。②为领导拟定调查提纲之前，向领导提出关于调查计划的初步建议，供领导参考。③在领导调查过程中，协助领导对调查材料进行初步分析，向领导提供新的调查线索和建议。④在领导调查基本完成后，协助领导对调查材料进行系统的整理分析，并协助领导拟定调查报告的初步提纲。

2. 协调工作中的参谋

协调和督查既是领导亲自参与的工作，也是秘书部门的常规工作。领导的协调一般是宏观协调。无论是利益协调、关系协调还是行动协调，协调工作的目的是防止不协调现象发生，消除已经出现的不协调现象或者防止它继续发展。领导在分析不协调现象产生的原因、矛盾的性质和严重程度、解决矛盾的方式方法，以及哪些对象之间在何种问题上可能发生不协调现象等方面，往往要征询秘书的意见。熟悉情况而又有一定政策水平的秘书这时能给领导提供有价值的参考意见。

3. 督查工作中的参谋

督查工作是对各项重大工作部署执行情况，对各级领导批示、交办事项办理情况进行督促检查。秘书在督查中的参谋咨询作用体现在确定主要督查对象和督查事项，根据领导督查的结果撰写有情况、有问题、有建议的督查报告。

4. 文稿撰拟中的参谋

文稿撰拟包含着秘书的劳动成果。领导交代撰文任务时，给出了明确的意图或主题。秘书在领会领导意图、尊重领导主导意见的前提下，加进自己的构思和设计撰拟文稿。写作过程中秘书发挥了自己的才智，加进了自己的意见。当领导人接受了起草的文本，也就实际上接受了秘书的一些建议和意见，秘书在起草文稿的过程中也就起到了参谋作用。

5. 会务工作中的参谋咨询

会务工作中秘书发挥参谋作用有：①会议议题的安排，要事先把意见拿出来供领导参考。②会议参加人员的确定，每次会议讨论的问题不同，参加会议的人员也不同，秘书应该向领导提出意见。如果应当参加会议的人没通知他参加，会影响会议的效果，还可能引起不必要的误会。③会议的次数、规模、时间长短，以及会议是否一定要开、是否可以将几个会议合并为一个会议来开等等。④正规的大中型会议要通过书面的会议预案向领导提出建议，会议预案是整个会议如何开的计划，秘书应尽量考虑周到、安排合理。

6. 领导日程安排中的参谋

领导日程安排是一项重要的事务性工作。在不同的单位，秘书在这一工作中所起作用是不完全相同的。有的领导的活动日程完全由自己来安排，秘书只要将领导安排好的日程制成表格就行了；有的领导的工作日程安排是在与秘书共同商量的过程中完成的；还有的领导只对自己的重要活动作出安排，而一般活动则由秘书决定。在后两种情况下，秘书都能充分发挥参谋咨询作用。秘书应通盘考虑哪些工作必须领导亲自做、哪些工作可以不必做或安排其他人员去处理；哪些事情必须立即完成，哪些工作可以暂时摆一放，等等。

三、秘书参谋方法

秘书参谋方法是指秘书参谋在工作中针对实际需要，协助领导为解决问题而提出的意见、建议等途径、过程和办法，包括宏观参谋方法、中观参谋方法和微观参谋方法。

宏观参谋方法：宏观参谋方法主要指制定宏观政策和适应宏观环境变化方面的参谋方法。必须随时关注宏观环境情势。在大局方面要把握关注的内容，系统关注相关的问题，善于比较。在局部方面要注重整体性、深刻性、前瞻性和实效性。全面掌握宏观动态，要敏锐掌握宏观信息，系统准确掌握业务态势，全面研究应对工作的开展谋略，引发对全局的创新思维，变被动为主动，厚积薄发。

中观参谋方法：中观参谋方法指针对组织中观环境即直接影响组织运转的内外环境变化及应对措施的工作方法，是在开展业务和领导活动中发现问题、发挥作用的方法，包括办文、办会、协调、检查、调查研究的参谋方法。

微观参谋方法：微观参谋方法是指针对领导者个人或工作过程细节上的工作方法，在为领导工作提供事务服务过程中通过与领导者进行人际沟通发挥作用的方法。在领导活动安排中常见的有统筹安排、事前准备、随机提醒的方法，在办公室活动中常有提供资料、提示要务、辅助运作、减少干扰的方法，在伴随领导者出差中常有出差预案、出差活动、出差生活调节的方法，在会见接待中常有会见安排、提供背景、设计程序的方法。

总之，秘书参谋工作贯穿各项工作之中，随工作的开展而不断发展。具备优良的秘书参谋素质，运用恰当的秘书参谋方法一定能达到良好的效果。

四、秘书参谋工作的要领

1. 重在调查研究

在参谋工作中，调查研究的目的在于掌握信息，先人所知。调查研究应是高层次、高水平的深入实际的调查研究，要求讲究实效出成果。

2. 善于分析形势

分析客观形势，把握事物发展的趋势，增强预见性，是做好参谋工作的重要一环。对形势不甚了了，对趋势盲无所知，就难以设计定谋，硬闭门造车，只能制造一些空对空的“臭弹”。在分析形势时，必须用发展的眼光认识形势，用对立统一的观点看待形势，用系统、联系、层次的观点分析趋势。

3. 学会方案比较

根据需要与可能拟个方案并不难，难的是拟定几套方案，并掌握不同方案的比较方法，从比较中找出优劣，加以论证，向领导者提出更为可靠的参谋意见与依据。利害相依是普遍规律，再好的方案，也必然杂以利害，不可能完善无缺。有利无害者最佳，利大害小者可用，利小害大者必舍。在设计和比较方案时，要多做定性分析与定量分析，做到多算于前，少失于后。

4. 掌握参谋时机

信息接受者对某一信息最需要时吸收它的可能性最大。秘书提供参谋意见时，要把握好时机，做到言当其时，不失良机。

第二节　秘书的信息工作

当今是信息时代，信息、能源与材料已成为人类社会的三大资源。信息工作是秘书做好“辅助管理”的一项重要工作。各机构作出任何决策都离不开信息。本节着重阐述信息在发展经济管理社会事务过程中的作用、秘书信息的内容、经济信息的搜集方法及处理原则等。

一、秘书的信息工作概述

现代管理认为：管理是由计划、执行和控制三个基本环节组成。而每个环节的活动，都离不开信息。根据信息反馈，及时调整经营管理策略，才能保证企业在变化中求得生存和发展。

信息按照信息源的性质划分为自然信息与社会信息；按信息的表现形式划分为语言信息与非语言信息；按信息在秘书工作中的作用划分为预测信息、动态信息与回馈信息；按信息源的方向划分为上级信息、内部信息与下级信息。

二、信息工作的重要性

秘书部门的信息工作，主要是指根据上级与主管部门的要求了解情况，掌握动态，发现问题，然后进行处理，综合分析，提供信息资料给领导参考。具体来说，信息工作在秘书活动中的作用主要表现为以下几个方面：

1. 辅助领导科学决策，必须依靠信息

决策是领导的主要职能，是领导工作的主题。信息是决策的依据，是决策的必要条件。没有信息，就没有科学决策。进行预测和确定目标，必须将过去和现在的各种信息进行收集、加工、传递和利用；拟定各种可供选择的决策方案，必须对收集到的各种信息进行归纳、推理、评价，也就是具体地利用信息；决策方案的选择、实施、修正等，其客观依据依然是大量的信息。

2. 起草文件必须依靠信息

秘书人员撰拟公文，不能闭门造车，而是要在掌握各种信息的基础上，根据领导意图，经过分析、综合，形成更系统、更准确的新的书面信息。可以说，秘书撰拟公文，就是运用信息为机关服务。

3. 信访咨询工作需要依靠信息

秘书人员在接待群众来访、处理群众来信时，必须运用所掌握的政策精神、规章制度、领导意图、实际情况等信息，经过分析、判断，去回答来访，回复来信，或者转有关部门处理。

4. 做好日常管理工作必须依靠信息

秘书要办好机关各项公务，不仅靠领导意图、个人学识，还必须依靠各种信息作依据、作借鉴。信息多、耳朵灵，综合判断、处理事务的能力就强。秘书人员必须会运用各种信息，把相关部门联系、协调起来，明确分工，消除矛盾，同步协作去完成共同的任务。另外，秘书主动、认真地为部门领导反映各种情况，提建议要求，出主意，也是在运用信息为部门服务。

总之，秘书工作的一切方面都离不开信息，新时期特别要求秘书强化信息意识，研究并掌握信息工作的规律，才能发挥好参谋助手的作用。

三、秘书信息工作的原则

秘书首先要澄清一种模糊认识，即所得到的各种材料上的内容都是信息。当好领导参谋，必须努力精通所在岗位要求的业务知识，而且还要博览群书，不断扩大自己的知识面，使自己的业务知识在博的基础上更加精深。

秘书信息工作的原则有以下几条：

1. 追踪原则

决策方案在实施过程中，必然会出现主客体状况的变化，秘书人员应及时追踪反馈不断变化的信息，使决策机构和决策者准确掌握情况，及时调整，修订、完善决策方案。

2. 超前原则

秘书信息工作的超前原则是由以下两方面因素确定的：第一，任何信息总是产生，传递在事物及其状态变化之后，再快的信息，也有滞后性；第二，领导必须有所预见，走在事物运行的前面，这就要求秘书抢时间，争主动，超前收取信息，向领导提供“预测性”信息，如果凡事总是事后了解，提供“马后炮”信息，那就作用甚微。

3. 选优原则

客观上说，凡是信息都是有用的，因此，对于办公自动化程度很高的单位或部门来说，信息多多益善，因为信息也可存入电子计算机，查询和使用十分方便。但对于主要依靠手工方式处理信息的单位和部门来说，不宜无限制地搞过多的信息简报、快报、摘报、内参等，而是必须针对工作需要，利用信息分类标准，对所接触的信息，迅速加以判别，分出哪是有效信息，哪是无效信息，从而对信息选优。

四、秘书信息工作的重要性

秘书部门的信息工作，主要是指根据上级与主管部门的要求了解情况、掌握动态、发现问题，然后进行处理，综合分析，提供信息资料给领导参考。具体来说，信息工作在秘书活动中的作用主要表现为以下几个方面：

1. 辅助领导科学决策，必须依靠信息

决策是领导的主要职能，是领导工作的主题。信息是决策的依据，是决策的必要条件。没有信息，就没有科学决策。进行预测和确定目标，必须将过去和现在的各种信息进行收集、加工、传递和利用；拟定各种可供选择的决策方案，必须对收集到的各种信息进行归纳、推理、评价，也就是具体地利用信息；决策方案的选择、实施、修正等，其客观依据依然是大量的信息。

2. 起草文件必须依靠信息

秘书人员撰拟公文，不能闭门造车，而是要在掌握各种信息的基础上，根据领导意图，经过分析、综合，形成更系统、更准确的新的书面信息。可以说，秘书撰拟公文，就是运用信息为机关服务。

3. 信访咨询工作需要依靠信息

秘书人员在接待群众来访、处理群众来信时，必须运用所掌握的政策精神、规章制度、领导意图、实际情况等信息，经过分析、判断，去回答来访，回复来信，或者转有关部门处理。

4. 做好日常管理工作必须依靠信息

秘书要办好机关各项公务，不仅靠领导意图、个人学识，还必须依靠各种信息作依据、作借鉴。信息多、耳朵灵，综合判断、处理事务的能力就强。秘书人员必须会运用各种信息，把相关部门联系、协调起来，明确分工，消除矛盾，同步协作去完成共同的任务。另外，秘书主动、认真地为部门领导反映各种情况，提建议要求，出主意，也是在运用信息为部门服务。

总之，秘书工作的一切方面都离不开信息，新时期特别要求秘书强化信息意识，研究并掌握信息工作的规律，才能发挥好参谋助手的作用。

练习题

1. 如何做好秘书的参谋工作？
2. 秘书的参谋工作的重要性是什么？
3. 秘书的信息工作的技巧有哪些？
4. 如何快速处理大量信息？